全国图书馆文献缩微复制中心
数转模加工标准与操作指南

李晓明 著

國家圖書館出版社

图书在版编目（CIP）数据

全国图书馆文献缩微复制中心数转模加工标准与操作指南/
李晓明著. --北京：国家图书馆出版社，2017.7
ISBN 978 - 7 - 5013 - 6188 - 5

Ⅰ.①全… Ⅱ.①李… Ⅲ.①缩微文献—图书馆工作—指南
Ⅳ.①G255.72

中国版本图书馆 CIP 数据核字（2017）第 188443 号

书　　名　全国图书馆文献缩微复制中心数转模加工标准与操作指南
著　　者　李晓明　著
责任编辑　高　爽

出　　版　国家图书馆出版社（100034　北京市西城区文津街 7 号）
　　　　　（原书目文献出版社　北京图书馆出版社）
发　　行　010 - 66114536　66126153　66151313　66175620
　　　　　66121706（传真）　66126156（门市部）
E-mail　　nlcpress@ nlc. cn（邮购）
Website　　www. nlcpress. com ──→投稿中心
经　　销　新华书店
印　　装　北京鲁汇荣彩印刷有限公司
版　　次　2017 年 7 月第 1 版　2017 年 7 月第 1 次印刷

开　　本　880×1230（毫米）　1/32
印　　张　3.625
字　　数　95千字

书　　号　ISBN 978 - 7 - 5013 - 6188 - 5
定　　价　48.00元

序

数字转模拟技术(简称"数转模技术")是 21 世纪逐渐兴起的,这项技术已经在文化保护和图像摄影方面发挥出了越来越重要的作用,其在未来整个文献缩微技术体系中的地位和价值将会越来越突出。

与传统缩微技术相比,数转模技术最大的特征就是信息化和数字化。正是由于具备这些特征,在推进其标准化建设中才实现了许多不同于传统缩微的技术进步和观念革新。也正是在这样的背景下,文献缩微行业在推进数转模的工作中,逐渐产生了一系列亟待解决的问题。业界迫切地期望有一部专门著作,能够立足于丰富的工作实践经验,为全行业树立一个标杆或样板,以有效地推动我们事业的进一步发展。

本书就是在这样的背景下应运而生的。著者立足于自己多年工作实践经验而撰写的这部著作,为业界提供了一部重要的行业性参考规范和技术标准。该书特别突出了标准规范制定在缩微数转模工作中的核心地位,并且详细地将数转模工作的全部工艺流程条分缕析、纲目鲜明地展现出来。数转模工作有一套复杂的、系统化的工艺流程,由于具体条件的限制,业内许多同人目前对这一流程缺乏整体性把握,对每一环节的具体特征认识不是很清晰。著者针对这一问题,充分发挥自己对数转模工作全局性把握的优势,为业界概括出了数转模技术操作指南的整体面貌,同时也预见性地指出了工作中将会遇到的许多具体而细微的技术难题。

文献缩微事业在过去相当长一个时期内承担了我国民族文化保护的重担,在可以预见的未来,数转模工作将在这一点上发挥出更加突出的作用。

如果本书能够帮助读者通过实践书中阐述的观念来提高自己的

日常工作水平，更好地驾驭数转模技术，更高质量地生产出品质优良的缩微品，这将是对本书著者劳动的最高褒扬，相信这也是著者撰写本书的初衷。

衷心祝贺《全国图书馆文献缩微复制中心数转模加工标准与操作指南》出版！

李　铭

2017 年 3 月 24 日于北京电影学院

目　　录

1

前　言

　　数转模技术是一项将文献数字资源转换到缩微胶片上进行异质备份和长期保存的技术，其实现了缩微胶片长期保存优势与数字信息便于利用优势的有效结合。当前，数转模工作在现实发展中面临着一系列的新任务需要完成，许多有关技术和操作的标准亟待进行全行业范畴的整齐规划。因此，对数转模工作做出全面的经验总结已经是全行业的一项迫切要求。本书针对这一局面，从加工标准和操作指南两方面为业内同人提供了参考和借鉴。

　　制定标准规范是任何一项技术工作的前提和出发点，数转模标准规范的制定也是数转模技术应用的基础所在。同时，只有一丝不苟地在每一个工艺流程中达到高标准，才能使它们在连缀成一个整体链条的时候产生出最完美的效果。标准化和流程化的有机统一和相互促进，是书中所强调的主要逻辑，也是著者期望读者使用和参考本书后所达到的行业效果。

　　本书是著者广泛调研本领域的相关研究成果，并结合多年工作实践的提炼总结。在结构上分为数转模工作加工标准和数转模操作指南两部分，从不同角度介绍了缩微数转模工作的主要内容、发展前景和技术细节。

　　在编写过程中，宁三香、刘小露等同志给予了热情的支持和帮助，在此表示衷心感谢！同时也希望有关从业者利用和阅读此书时，如发现有任何不周之处，或其他建议，能不吝赐教，以利将来修订时改进。

第一部分
全国图书馆文献缩微复制中心
数转模工作加工标准

1 范围

本标准规定了中文电子影像转换黑白银－明胶型缩微品过程中电子影像前整理、摄制、冲洗、质量和存储的相关要求。

本标准适用于中文电子影像转换成 16/35mm 第一代黑白银－明胶型缩微品。

2 规范性引用文件

下列凡是注日期的引用文件,仅注日期的版本适用于本标准。凡是不注日期的引用文件,其最新版本(包括所有的修改单)适用于本标准。

GB/T 6160—2003(所有部分)缩微摄影技术源文件第一代银－明胶型缩微品密度规范与测量方法

GB/T 7516—2008(所有部分)缩微摄影技术缩微拍摄用图形符号

GB/T 8987—2008(所有部分)缩微摄影技术缩微摄影时检验负像光学密度用测试标板

GB/T 12355—2008(所有部分)缩微摄影技术有影像缩微胶片的连接

GB/T 15737—2014(所有部分)缩微摄影技术银－明胶型缩微品的冲洗与保存

GB/T 16573—2008(所有部分)缩微摄影技术在 16mm 和 35mm 银－明胶型缩微卷片上拍摄文献的操作程序

GB/T 17292—2008(所有部分)缩微摄影技术第一代银－明胶型缩微品的质量要求

GB/T 17739.2—2006 技术图样与技术文件的缩微摄影 第 2 部分:35mm 银-明胶型缩微品的质量准则与检验

GB/T 17739.4—2008 技术图样与技术文件的缩微摄影 第 4 部分:特殊和超大尺寸图样的拍摄

GB/T 19474.1—2004 缩微摄影技术图形 COM 记录仪的质量控制 第 1 部分:测试画面的特征

GB/T 19474.2—2004 缩微摄影技术图形 COM 记录仪的质量控制 第 2 部分:质量要求和控制

GB/T 18444—2001 已加工安全照相胶片贮存

3 术语和定义

GB/T 6159.1—2014、GB/T 6159.3—2014、GB/T 6159.4—2014、GB/T 6159.5—2011 和 GB/T 20225—2006 确立的以及下列术语和定义适用于本标准。

摄制单元

缩微拍摄文献的基本单位,每种文献在正文电子图像开始前、结束后应拍摄全套标板,从前标识区、正文区、后标识区称为一个摄制单元。满盘缩微品可以容纳一个或者多个摄制单元。

4 拍摄程序

4.1 缩微品上各区段的设置

每盘缩微品分为片头、摄制单元和片尾三个区段。每个摄制单元应该包含前标识区、正文区、后标识区。

4.1.1 片头和片尾

每盘缩微品片头和片尾应留不少于 750mm 的空白片做护片和引片。

4.1.2 前标识区

前标识区宜包含"卷片开始"图形符号、摄制机构标板、测试标板、识别标板和著录标板。

4.1.3 正文区

正文区应包括文献的电子影像,并且电子影像应按照原文献顺序排列。正文区与前、后标识区之间应输出一个空画幅。

4.1.4 后标识区

后标识区宜包含测试标板、识别标板、著录标板、"卷片结束"图形符号。

4.2 缩微品上的排列顺序

4.2.1 一个摄制单元

当一盘缩微品容纳一个摄制单元时,电子影像文献和标板在缩微品排列顺序宜按照图 1 所示。

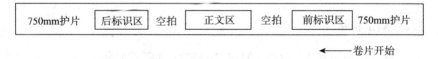

图 1 一个摄制单元影像排列

4.2.2 两个或者多个摄制单元

当一盘缩微品容纳两个或者多个摄制单元时,电子影像文献和标板在缩微品排列顺序宜按照图 2 所示。且相邻摄制单元间距宜超过八个画幅长度。

| 750mm护片 | 后标识区 | 正文区2 | 前标识区 | 空8拍 | 后标识区 | 正文区1 | 前标识区 | 750mm护片 |

←———— 卷片开始

图2 两个或者多个摄制单元影像排列

4.3 接续

如果需要用多盘缩微品拍摄一种连续的文献,在每盘缩微品"卷片结束"标板前的一个影像应拍"转下盘"图形符号标板,而每一盘后续片卷在"卷片开始"标板后的第一个影像则应拍摄"接上盘"图形符号标板。

5 标板

5.1 摄制机构标板

此标板应包含摄制机构名称、摄制机构标志、摄制时间、版权限制等。

5.2 测试标板

测试标板可按照 GB/T 19474.1—2004 的要求制作。

5.3 卷片开始图形标板

卷片开始图形符号标板应符合 GB/T 7516—2008 中规定的符号及摄制号等。

5.4 识别标板

此标板宜包含原件收藏单位、版权、尺寸、分辨率、拍摄时间、缩微品存放单位等其他需要识别的内容。

6

5.5 著录标板

此标板应包括被摄文献的著录资料和摄制说明事项,如原件缺失、编码错误、装订错误等。

5.6 图形符号及标板

在拍摄文献过程中,需要时应使用图形符号及标板。见 GB/T 7516—2008。

5.7 卷片结束图形符号标板

卷片结束图形符号标板应包含 GB/T 7516—2008 中规定的符号及摄制号等。

5.8 接续标板

接续标板应包含 GB/T 7516—2008 中规定的符号。

6 摄制条件

6.1 拍摄缩微品

使用 16/35mm 银－明胶型缩微品摄制。

6.2 画幅尺寸及间隔

缩微品上画幅区域尺寸及间隔见表 1 和图 3 所示。

6.3 画幅方式

采用 1A/1B 或者 2A/2B 方式,推荐采用 1B 或 2B 方式,见图 4。

表1 无孔缩微品上指定画幅区域的尺寸(见图3) 单位为毫米

尺寸	16mm 缩微品	35mm 缩微品
A_{min}	0.50	0.97
B_{min}	0.50	0.97
C_{max}	14.92	33.00
D	13.00	23.00
注:画幅长度小于最大长度时,随图像尺寸等比例调整;在同一卷缩微品中,D 误差小于0.5mm。		

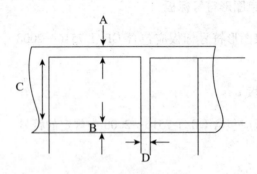

图3 画幅尺寸及间隔

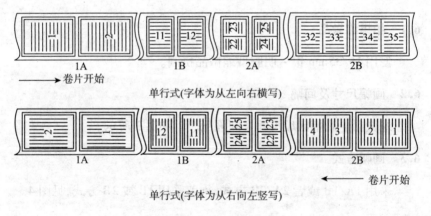

图4 影像排列

8

7 摄制方法

7.1 影像排列

如图 4 所示：

拍摄横排版向左翻页的文献，在缩微品上影像应自左向右排列。

拍摄竖排版向右翻页的文献，在缩微品上影像应自右向左排列。

文字横竖混排或中外文混排的文献，按文献的起始翻页方向确定影像的排列方向。

7.2 图像尺寸

采用非固定缩率拍摄，即图像高度充满画幅，长度等比例调整。

应在缩微品上记录每个图像对应原文献的尺寸。

应在标板上记录文献图像的分辨率，图像分辨率不宜低于 300dpi。

7.3 分幅摄制

图像尺寸像素宽度值不应超过屏幕分辨像素数，图像的宽度或长度像素值超出该范围，需要对图像进行分幅拍摄。

每个分幅图像宜等大且像素数不超过设备的可容纳像素数。

相邻分幅之间重叠部分不少于分幅图像像素数的 10%。

分幅图像摄制顺序的确定，应使原图像切割后的行（列）与其在缩微品上相对应的各影像画幅相一致，应符合 GB/T 17739.4—2008 中关于"分幅拍摄"的规定。

7.4 原件缺失、编码错误、装订错误

原件缺失、编码错误、装订错误应在著录标板中说明。

7.5 空白页电子影像

如果原文献为空白页,那么对应的空白页电子影像应拍摄,因为其他情况产生的空白页电子影像不拍摄。

8 摄制要求

8.1 拍摄顺序

拍摄在缩微品上的文献影像顺序应与原图像顺序一致。

8.2 缩微品长度

一盘缩微品拍摄的长度不宜少于 25m。

8.3 一盘缩微品摄制多种文献

当一卷内含有多种文献时,每种文献影像排列方式应一致。

8.4 一种文献拍摄多盘缩微品

一种文献拍摄在一盘以上的缩微品时,宜以册(卷、期)为单位进行分盘。若最后片盘所含图像极少,可并入前盘拍摄,但应符合加长片盘要求。

8.5 影像区域

影像在画幅内位置要居中,不应出现歪斜。

9 补拍与接片

9.1 补拍

有遗漏或质量不合格的影像,应按以下规定补拍:

(1)影像质量不合格或有遗漏,按照相应文献的补拍原则进行补拍;

(2)补拍接片部分的影像,其尺寸大小均应与原拍摄影像一致;

(3)补拍后,整盘缩微品的密度差不应超过0.40。

9.2 接片

缩微品应尽量避免接片。

接片质量及接头数应符合 GB/T 12355—2008 的规定。

银－明胶型缩微品宜使用超声波接片。

10 冲洗

缩微品冲洗应符合 GB/T 15737—2014 的规定。

11 质量要求

11.1 综合解像力

缩微品的解像力应按照 GB/T 19474.2—2004 中 5.2.1 的规定进行检测,解像力值应符合 GB/T 17292—2008 中 4.8 规定。

11.2 密度

缩微品的密度应按照 GB/T6160—2003 的测量方法进行检测。

11.3 硫代硫酸盐残留量

缩微品硫代硫酸盐残留量应符合 GB/T 15737—2014 的规定。

11.4 外观

缩微品上不得残留指纹、水迹、色斑等污迹,不应有影响被摄原件影像的划伤和缩微品折痕、裂口、粘连等物理损伤。

12 存储

缩微品存储的程序与规范应符合 GB/T 18444—2001 的规定。

第二部分
全国图书馆文献缩微复制中心
数转模操作指南

1 全国图书馆文献缩微复制中心数转模加工项目介绍

自 1985 年以来,全国图书馆文献缩微复制中心(以下简称"缩微中心")带领 22 家成员馆,采用传统缩微拍摄与数转模两条技术路线,有效开展馆藏纸本文献及数字资源的抢救性保护与再生性应用工作。截至 2016 年 1 月,共拍摄各类文献 164 550 种,其中善本古籍 31 792 种、报纸 2796 种、期刊 15 232 种、民国时期图书 114 516 种,总拍摄量 6991 万拍。

2009 年,缩微中心对引进数转模技术的可行性进行调研,并完成相关可行性报告。2011 年,缩微中心引进设备进行数转模的实验性研究。2012 年,进行数字资源转换缩微胶片专项拍摄工作,并在工作中不断探索与创新。2012 年至 2016 年,缩微中心数转模摄制工作量逐年提升,标准规范也臻于完善,缩微摄影技术的第二条技术路线正式搭建完成。

近年来,缩微中心不断推进数转模技术在文献保存领域的应用,同时积极开展全国公共图书馆数字缩微建设工作,带动成员馆开展馆藏珍贵文献数字资源转换缩微胶片工作。截止到 2016 年 1 月,缩微中心根据缩微专项,与"中华古籍保护计划""民国文献保护计划""数字图书馆推广工程"等国家大型文化项目合作,完成转换犹他家谱、地方志等珍贵文献数字资源近 200 万拍。截至 2016 年 6 月,缩微中心已与天津图书馆等 5 家成员馆签署了数字缩微建设工作协议,为贵州省图书馆等 3 家成员馆配备了数转模设备,第一批建设单位的数转模工作已全面启动。

2 数转模加工流程说明

目前缩微中心及其成员馆所开展的数转模工作主要针对 4 类文献:普通古籍、民国书、报纸、期刊。不同文献种类的加工流程基本相似。

数转模流程包含项目计划及申报、计划审批、数据预处理、前整理、拍摄、冲洗、质检、入库等加工环节(见图1)。

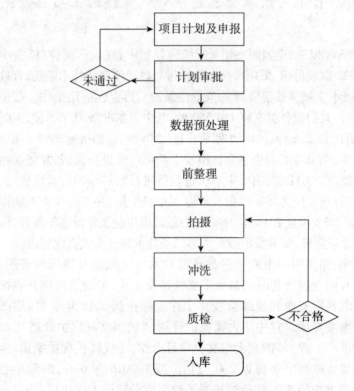

图1 数转模加工流程说明图

3 数转模加工各流程工作规范与操作指南

3.1 项目计划及申报

3.1.1 项目计划

数转模工作开展前,需对拍摄文献进行初步审核,确认通过数转模技术对该文献进行缩微抢救工作的可行性。

①数转模文献类型应在文献抢救范围内，以及不在范围内但确属于较为珍贵或地方特色文献的，也可立项进行拍摄；

②数转模待拍摄文献应具有符合标准的影像数据作为基础；

③数转模待拍摄文献应具有完整的 MARC 数据，为开展工作做好准备及铺垫。

3.1.2 项目申报

具备完整数据及抢救价值的文献可进行项目申报。

（1）提交完整项目申报表（见表1），说明待拍摄文献种类、影像数据、MARC 数据等实际情况。

表1 数转模项目申报表

编号：

项目名称		
数字资源情况	文献类型	□善本古籍　□民国书　　□期刊 □报纸　　　□其他
	文献时期	
	影像分辨率	DPI
	影像格式	□TIFF　□JPEG2000　□JPEG　□GIF □其他
	影像数据量	页/拍 TB/GB/MB
	数字资源 MARC 数据	□MARC 数据完整 □MARC 数据在建 □无 MARC 数据
资源建设方式		□自建　　　　　　　　　□委托加工
申请单位负责人签字		申请单位盖章

（2）根据资源、经费、设备等情况可申请不同的加工方式，如项目自建或委托加工。如选择项目自建，则需签订任务书，如选择委托加工，则需与被委托单位签订相关工作协议或合同。

（3）申报项目经批准后可正式开展数转模工作，根据不同建设方式需与相关单位签订任务书（合同），并在限定时间内完成所申请项目。任务书（合同）签订应遵循如下流程：

①编写数转模加工工作任务书（合同）。任务书由批准立项单位根据项目申报具体情况进行编写。委托加工合同由委托单位与被委托单位协商进行编写。

②编写数转模工作制作标准和验收标准。数转模制作标准和验收标准由数转模制作单位和验收单位分别编写。

③上报上级单位审批。将经过沟通并基本无异议的任务书（合同）上报相关上级单位审批。

④正式签订任务书（合同）。任务书由批准立项单位与项目申报单位确定并双方签字。委托加工合同由委托单位与被委托单位确定后进行签订，其中经费预算如超过 50 万元，则需按相关规定上网招标确定被委托单位后再签订合同。

任务书（合同）应遵循如下质量规范：

⑤任务书（合同）中应明确数转模的工作内容、数量、制作标准、验收标准、成品提交方式、完成时间、费用支付方式、奖惩办法等内容。

⑥任务书（合同）中包含的内容须明确，须具有可操作性。

⑦任务书（合同）正式签署前，双方应对内容、数量、制作标准、完成时间、经费等内容进行充分论述及沟通，确保任务完成。

3.2 计划审批

3.2.1 数转模文献 MARC 数据

由项目申请单位提供待转数字文献的完整 MARC 数据，计划审批单位对数据进行初步审核，MARC 数据字段完整且著录基本无误的可开展计划审批工作，数据字段缺乏较多或著录错误较多的由计划审批单位返回进行数据完善。

18

3.2.2　数据查重

计划审批单位根据申请单位提交的 MARC 数据与已拍摄文献进行比对查重。待拍摄文献题名、著者、出版时间、出版地点、版本项、卷册等字段信息与已拍文献一致则可视为重复文献;不一致则视为非重复文献;字段信息不一致但与已拍文献相似度较高的,需由计划审批单位核实文献实际情况后确认是否进行拍摄。

查重后,非重复拍摄文献由计划审批单位汇总并下发相应 MARC 数据;疑似重复的文献返回项目申请单位进行进一步信息核实再确定是否拍摄。

3.2.3　文献问题反馈

计划数据下发后,项目单位若在开展数转模工作过程中如发现文献实际情况与文献 MARC 数据不符等,需将问题反馈至计划审批工作人员处,由计划审批人员核实情况后进行数据修改或计划撤销等处理。

3.3　数据预处理

完成计划审批后,操作人员应对数据进行预处理。预处理包含数据提取、数据备份、图像质量筛查、数据查重等工作(见图 2)。做好预处理工作是顺利完成后续工作的前提。

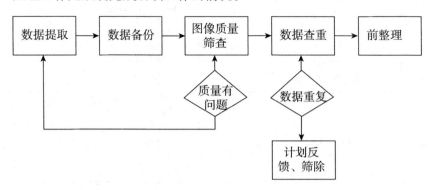

图 2　数据预处理流程图

19

3.3.1　数据提取

按照已批复的下达计划,对数据进行提取,提取内容包括电子图像、原始数据与提取记录单。如涉及数字图像交接需要或相关部门进行数字图像的交接工作,数据内容交接、硬盘交接、记录单交接等相关资源交接内容需一一进行核对,查看是否有损毁或破坏等现象。图像提取环节需填写表单并进行登记(见表2)。

表2　数字资源提取记录单

编号:

用途				
数字藏品概况	资源类型	□自建资源　　□征集资源　　□其他		
	资源名称 (项目名称)			
	资源内容 (资源格式、数量)			
	存储介质 (介质类型、编号、数量、拟归还日期)			
领导审批意见	使用单位 科组长签字		保存单位意见 科组长签字	
	使用单位 部处领导签字		保存单位 部处领导签字	
出入库记录	交付日期		交接双方签字	
	归还日期		交接双方签字	
备注				

备注:本交接单一式两份,双方各持一份,留档备查

3.3.2 数据备份

由于数字资源硬件的不稳定性和数字资源本身的可修改性,需要对数字资源进行备份,以确保数字资源的安全使用。数据备份包含图像备份及元数据备份。备份完成后应进行统计,对备份硬盘进行编号,确保后期能检索相关数据。数据备份时,应做好图像与硬盘的备份记录,便于后期查找相关图像与硬盘。

表3 硬盘备份表格记录单

原硬盘编号	备份盘编号	包含内容	拷贝时间	完成时间	删除时间

3.3.3 图像质量筛查

在数转模工作过程中,并非所有电子图像都可以转换为缩微胶片,而是需要进行各方面筛选工作。为保证缩微胶片的图像质量,在图像进行筛选时,应严格按照图像的筛选原则,从以下方面对图像进行整理筛选。筛查相关内容和原则如下:

表4 图像筛查内容及相关原则

筛查内容	筛查原则
格式筛查	依据设备可识别格式来筛查,不同设备可识别图像内容及格式不相同。图像宜为灰度图像,图像格式宜为无压缩格式。对于不能识别的格式需转换成可识别格式进行拍摄
图像像素及分辨率筛查	待拍摄文献分辨率宜在 300dpi 分辨率以上。如分辨率不够300dpi 则应该做试片进行实验,查看其清晰度是否能达到要求 待拍摄文献的数字图像的最大像素应在设备允许像素范围以内。任何方向上的像素如超出允许范围内,则都需要分幅拍摄

续表

筛查内容	筛查原则
质量筛选	整体检查图像的质量,待拍摄文献的图像质量要保证清晰,图像的对比度须适中。对于透字数字资源,需要根据透字情况进行筛选,制作试片并参照传统拍摄中的透字拍摄原则进行筛选
内容完整性筛查	整体检查文献内容的完整性。应保证文献内容的完整,如发现图像在扫描过程中出现大量缺失,或图像内容歪斜度高、缺少内容等情况,则需要与计划下达部门再次核对是否拍摄此种文献

需要注意的是,在图像质量筛查过程中,如出现图像质量不合格现象,需单独提出此种文献,并反馈给计划下达人员。如确认文献确实不合格,则搁置计划,待相关电子图像合格后再进行计划下达。

3.3.4 数据查重

在正式开展文献整理之前,必须对文献进行再次数据查重。为避免造成重复拍摄,在计划协调组做完查重的同时,前整理工作也需要再次进行查重工作。为避免拍摄重复,争取做到不对同种文献重复拍摄补藏,所以查重工作至关重要。查重工作主要分为两个方面,具体如下:

3.3.4.1 总体查重

将已拷贝的文献数字图像表单与之前的计划数据进行比对,唯一标识号为比对工作的主要内容。通过比对,筛查出已拍摄文献及非计划文献,并对其进行标注。

3.3.4.2 逐一文献查重

在前整理工作之前,需对硬盘内所有文献进行查重,不同种类的文献类型查重标准及流程基本相似。

在查重时,需要首先确定待拍摄文献的类型。确定文献类型后,需要与之前缩微拍摄的相关类型文献进行比对查重,即与传统缩微拍摄的文献进行查重,并与已拍摄完成的数转模进行比对。查重内容包含题名、责任者、版本项、出版年、出版地、期数等内容。如无重复数据，再进行下一步的整理工作，如发现重复数据，应视情况与缩微中心计划下达人员进行反馈，如确认计划下达存在重复的情形，则需要进行删除计划，并做好备注。前整理人员需根据上述标准进行严格比对，确保做到不重复拍摄。

注意：如普通古籍中是民国时期出版，则在完成与本种文献比对后，再与传统拍摄的民国书库进行比对。

3.4 前整理

前整理是指文献拍摄前的整理。前整理的目的是使文献以一定的分类规则（书的种类）为单位，以提取文献的信息（题名、责任者等）作为单位的辨识方法，将文献按照自然顺序进行排列、命名，并且对于影响文献页面质量的因素（资源的破损程度、纸质、分辨率、清晰度、完整度等）进行补救和标识的工作。文献整理过程中，所需要注意的问题繁多，对于各种工作、文献种类的前整理过程，均需要工作人员持有认真细致、考虑周全的工作作风，以保证此环节工作的质量，以及后续工作的顺利进行。

前整理工作主要包含图像整理、填写整理清单、文献组卷、匹配摄制号、数据制作、数据校对、维护前整理清单、标板制作、摄制清单制作、交接 10 个步骤（见图 3）。

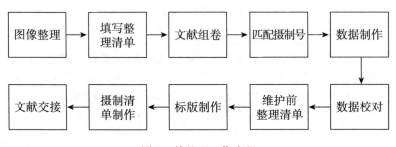

图 3　前整理工作流程

3.4.1　图像整理

完成数据预处理工作后,开始对文献进行逐幅清点与整理。在清点与整理过程中,需按照如下步骤及操作方法进行。

(1)逐幅图像检查

逐幅检查的内容及注意事项具体如下:

表5　前整理检查内容及处理方法

检查内容	注意事项
文献基本信息	应按要求,检查文献的基本信息,包含题名、责任者、版本项、出版地、出版者等相关信息,并在后续清单中进行填写(报纸及期刊需要检查期次是否完整)
文献完整	在完成对图像预处理内容的筛查以后,对文献完成性进一步筛查。重点需要对每幅图像中的页数进行逐页核对,包括封面、封底的正确位置,对原件的卷次、期数、版次、页数等有错误或位置不对的情况应重新理顺,按正确位置排列,并在数转模整理清单中做相应记录和说明 对缺少的数字文献要联系资源提供者或相关部门尽量补齐遗失部分,保证缩微品内容的完整性 缺页或重页,应在整理清单上注明; 缺卷、缺期、缺册情况应该在前整理清单中注明,并在数据中相应字段标注并在标板中著录; 对原数字文献册数信息与数据不符的情况,应在各清单及标板中填写实际整理的结果,并在整理清单加以说明
图像顺序	页码颠倒:由于前期扫描等问题,导致页码颠倒,需进行调整 卷次颠倒:如发现因前期扫描或其他问题导致的卷次文件夹颠倒或放错位置,需在确认的基础上调整图像的顺序

检查内容	注意事项
图像质量	超长图像:如图像任一边的像素超过拍摄设备的最高可拍摄像素,则定义为超长图像,并需要在前整理清单的备注项里进行标注。前整理人员必须对数字图像进行裁剪,并且保证剪裁的相邻两个画符图像有20%的重复部分。分幅的顺序应使原件分幅后的行(列)与其在胶片上相对应的各个影像画幅的排列格局一致,分幅的拍数也应列入总拍数,以便于统计图像数量和文献拍数。另外,需在前整理清单中对此进行备注,以便于提醒后续拍摄人员注意 图像残缺:清点过程中原件有缺失、字迹深浅不一、模糊、残缺和污迹等要在清单一一注明,以便为下道工序测值提供方便 图像色彩:在拍摄黑白缩微胶片时,如遇到彩色图像或颜色深度明显异于相邻画幅的图像应根据实际情况进行整理,并在前整理清单备注项中注明。提醒后期拍摄人员进行测值时区别对待 图像分辨率:如发现个别图像分辨率有问题,需做备注,并联系摄制人员进行试片拍摄,避免后期浪费胶片
文献总量	按照顺序,逐个清点每个文献文件夹所包含的子文件夹内的数量,便于后期填写前整理清单,并精确计算出拍数、米数

（2）图像调整

图像调整工作是要通过图像处理软件对颜色深度明显异于相邻画幅的图像进行参数调整,确保所制作的缩微品密度符合国家标准要求。需要注意的是,由于数字文献的影像质量存在差异,所以对于同一批文献,不能每一拍都变换拍摄参数,因此,为了在确保拍摄质量的基础上提高拍摄效率,就需要保证编排在同一卷中的数据尽量使用统一的参数。另外,由于同一卷中可能包括多册(多个文件夹),要求每个文件夹中的文件质量尽量保持相对持平,所以需要对图像质量较差的文件进行图像调整。

3.4.2　数转模整理清单制作

在进行文献整理工作的同时,应填写完成数转模整理清单。完善内容包括文件夹号、原件索书号、文献名称、记录标识号、原件状况、册数、书目信息等所有关于本种文献的相关信息。

另外,需根据图像的整理情况,完善表格。书目信息中需要按照已扫描完成的图像文件夹进行编号,然后逐一列明各文件夹的图像数量及内容。按照数转模前整理清单的格式,填写相应文献内容。前整理清单的相关内容与 MARC 原始数据相应字段相匹配(见表6)。

表6　数转模前整理清单

文件夹号:097$g　　　　　摄制号:097$b　　　　　原件索书号:905de

文献名称:200ae　　　　　　　　　　　　　　　记录标识号:035$a

原始				册数		米数	拍数	
状况				215$a		907$d	907$e	
书目								
信息	部类							
册数	卷次	页数	文件号	分卷、画幅		备注		

3.4.3 文献组卷

完成原数字文献的整理和核查后,需对文献进行分组卷工作。分组卷主要根据胶卷的容量和文献的数量按片卷编制原则进行,系为拍摄所做的统筹安排。分组卷根据已经整理好的原数字文献之间的自然联系和每一张图像画幅容量的多少,合理分配每盘缩微胶片拍摄的文献数量(拍数)。在分组卷中应严格遵循相关原则及步骤(见表7),以保证文献的可读性及胶片的合理利用。

表7　分组卷注意事项及遵守原则

组卷内容	遵守原则
组卷原则	为充分利用胶片,当一种文献不足以占用一卷胶片时,则需对文献进行组卷处理。组卷时应遵循文献的种类进行组卷,不同种类型的文献不能组在同一卷内,而相同种类的文献,应按照传统拍摄的要求进行组卷。在一卷多种的情况下,需按各文献拍数由多及少的顺序进行排序,文献拍数最多的放在最前面,并依次进行排列 普通古籍、民国书:允许在同一卷内有不同的文献; 期刊:一般情况下,一盘胶片内不允许容纳两种以上刊物,但对于某些出版期数很少或缺失的期刊,一个片卷内可以同时允许容纳两种以上的刊物; 报纸:一般情况下,不宜将两种报纸组在同一卷内
分卷原则	当一种文献无法被一卷胶片容纳,需要将该种文献拍摄于多卷胶片内时,则应进行分卷。在一种多卷的情况下,需要按照文献顺序进行分卷,分卷时需要按照不同文献要求进行分卷。此外,分卷需充分考虑前期图像扫描时划分的标准,并结合缩微分卷标准来进行确定 如无特殊情况,按照以下标准进行分卷: 普通古籍:按照卷次来分卷;

续表

组卷内容	遵守原则
	民国书:根据具体情况来确定,即按照前期扫描的分隔,一般情况下,以册或卷来分盘; 报纸:根据每天出版的版数,有规律地按时间顺序断开分开编排; 期刊:当两个或者两个以上片卷容纳一种期刊时,各片卷的分档应尽可能按完整的卷(或年)截止。若有困难,各片卷可按照完整的期(或月)截止。切忌将一期期刊(一个装订册)分拍在两个片卷内。分档时,应尽量照顾各片卷容量的均匀性。凡同时有卷、年、月的期刊,分卷时应以卷期为主,跨年的期刊服从卷号,无卷号的期刊以年为主
组卷长度	为充分利用缩微胶片,母片制作的每卷胶片长度为30.5米,胶片类型分为 16mm 和 35mm 两种,按照图像画幅类型分为单画幅与双画幅,并按照胶片的类型和长度来决定
文献排列方式	文献影像的排列顺序应与原始文献一致。一般来讲,普通古籍、报纸、期刊、民国书这四类文献均应优先以横向排列(1B、2B方式),按照页码顺序为出发点,如左翻文献应按照左起顺序排列,右翻文献按照右起顺序排列。文字横竖混排的文献或中外文混排的文献其输片走向的原则是:服从原件中主要排版方式确定走片方向,如无法按照部分页码顺序则按原件总体页码顺序依次拍摄。当一个片卷内遇到既有左翻文献也有右翻文献时,为使页码顺序一致,只能采取 1B 的方式拍摄

3.4.3.1 分组卷步骤

在掌握分组卷原则后,应按组卷的步骤进行分卷。

步骤 1:按照前整理清单上的拍数进行统计整理,排列表格;

步骤 2:按照文献拍数由多到少进行排序;

步骤 3:将一种多卷的文献进行分卷,分卷时应遵循分卷原则;

步骤4:将多种一卷的文献按照拍数由多到少进行组卷;

步骤5:将所有文献进行分组卷完成后,对表格进行整理。

表8 普通古籍分组卷排列顺序样例

摄制号	题名	文件夹号	拍数	卷数
	[光绪]奉化县志四十卷首一卷	0537	1075	2
	白鹿书院志十九卷	5608	613	1
	永嘉郡记一卷	0544	33	
	金陵琐事四卷	5406	181	1
	望湖亭集四卷	5461	179	
	武林旧事四卷后集四卷	5433	178	

3.4.3.2 分组卷计算方法

分组卷计算方法由文献种类、画幅方式和胶片长度等多种因素决定。

一般来说,原电子图像为民国书或期刊时,往往拍摄于16mm缩微胶片,转换民国书电子文献的胶卷满卷总米数通常不超过30.5米,双画幅不超过1300拍(43拍/米),单画幅不超过2500拍(85拍/米)(包含片头、片尾及护片长度)。

如果图像为普通古籍、善本、报纸等大版面文献,则需要拍摄于35mm缩微胶片。对于双画幅图像来讲,缩微胶片总长度同样为30.5米,总拍数不应超过700拍(23拍/米)(包含片头、片尾空拍数),单画幅尺寸图像,总拍数应不超过1300拍(45拍/米)。

3.4.3.3 组卷形式

组卷形式分为一种多卷与多种一卷的情况。由于受制于前期扫描,所以数转模分卷原则应结合缩微拍摄分卷原则与扫描原则进行分类。

表 9　一种文献分卷情况一览表

文献类型	一种文献拍摄在多盘胶片内	
	分卷原则	计算公式
民国书	结合前期数字扫描划分文件夹原则，按照传统拍摄民国书分卷原则进行分卷，一般以册或卷来进行分档。册与册之间应保留一空拍	总实际拍数 = 每盘实际拍数的总和 总米数 = 每盘米数的总和 每盘总拍数 = 片头片尾拍数 + 标板数 + 空拍数 + 实际文献数 每盘实际拍数 = 标板数 + 空拍数 + 实际文献数 每盘米数 = 每盘总拍数/每米拍数 如果为单画幅，则需折合成双画幅拍数
普通古籍	按照卷来分开，特殊情况下，如分不开卷，则以册划分	总实际拍数 = 每盘实际拍数的总和 总米数 = 每盘米数的总和 每盘总拍数 = 片头片尾拍数 + 标板数 + 空拍数 + 实际文献数 每盘实际拍数 = 标板数 + 空拍数 + 实际文献数 每盘米数 = 每盘总拍数/每米拍数 如果为单画幅，则需折合成双画幅拍数
报纸	按月或年分卷	每卷实际拍数 = 标板数 + 空拍数 + 实际文献数 + 分割标板数 每卷实际米数 = 片头片尾护片 + 实际拍数/每米拍数 如果为单画幅，则需折合成双画幅拍数
期刊	按期分卷	每卷实际拍数：标板数 + 空拍数 + 实际文献数 + 分割标板数 每卷实际米数 = 片头片尾护片 + 实际拍数/每米拍数 如果为单画幅，则需折合成双画幅拍数

表 10　多种文献组卷情况一览表

文献类型	多种文献拍摄于一盘胶片内	
	组卷原则	计算公式
民国书	应按文献拍数总量由多到少排列 两种文件之间需空 8 拍	每种文献实际拍数 = 标板数 + 空拍数 + 实际文献数
普通古籍	应按拍数由多到少排列 两种文件之间需空 8 拍	米数 = 片头片尾白片长度 + 实际拍数/每米拍数
报纸	区别甲类报纸和乙类报纸,以确定编辑和拍摄的不同方法 在一个片卷内编辑若干种报纸时,要进行合理的分档,不要使一种报纸分拍在两个片卷内	注意:两种文献之间的 8 拍需按双画幅 8 拍计算
期刊	一般情况下,一个片卷不允许同时容纳两种以上刊物。但对某些出版期数很少或缺失的期刊,则允许容纳于同一片卷内	

注意:数转模拍摄时,多种文献拍摄在一盘胶片时,两种之间护片长度不再按照传统拍摄护片长度,而是 8 拍的护片长度。所以在计算胶片的总长度时需要注意的是,在一卷多种文献中,在保证片头、片尾、护片长度都为 750mm 不变的基础上,其中两种之间的白片长度为 8 拍双画幅。在后期胶片拷底时,按照母片原始情况进行拷底,不再将每种文献分开保存。

例 1:普通古籍 1 卷 3 种文献分别为 a、b、c,均为双画幅,35mm

a. 总拍数 = 19 拍(片头护片长度) + 标板数 + 原文献页数 + 空拍数 + 4 拍(片尾护片长度)

实际拍数 = 标板数 + 原文献页数 + 空拍数

总米数 = 总拍数 ÷ 23 拍(23 拍/米)

b. 总拍数 = 4 拍(片头护片长度) + 标板数 + 原文献页数 + 空拍数 + 4 拍(片尾)

实际拍数 = 标板数 + 原文献页数 + 空拍数

总米数 = 总拍数 ÷ 23 拍(23 拍/米)

c. 总拍数 = 4 拍(片头护片长度) + 标板数 + 原文献页数 + 空拍数 + 19 拍(片尾护片长度)

实际拍数 = 标板数 + 原文献页数 + 空拍数

总米数 = 总拍数 ÷ 23 拍(23 拍/米)

表 11　普通古籍多种一卷文献的拍数计算方式

序号	题名	卷数	图像数	标板数	实际拍数	总拍数	总米数
1	a.	10	302	9	322	345	15
2	b.	8	171	9	189	197	9
3	c.	6	84	9	100	123	6
合计			557	27	611	665	30

备注:其中标板数包含了技术标板,但不同种设备的技术标板数量不同,需结合实际使用设备进行计算。这里结合了灰度标板和解像力标板 2 块标板。

例 2:普通古籍 1 种 3 卷,双画幅 35mm

总拍数 = 38 拍(片头片尾护片长度) + 标板数 + 原文献实际页数 + 空拍数

米数 = 总拍数 ÷ 23 拍(1 米 = 23 拍)

实际拍数 = 标板数 + 空拍 + 原文献实际页数 + 空拍数

如:普通古籍:[同治]高安县志二十八卷卷首一卷

表 12　一种多卷文献的拍数计算方式

序号	题名	文件夹数	图像数	标板数 + 空拍	实际拍数	总拍数	总米数
1	[同治]高安县志二十八卷卷首一卷	12	580	11	602	640	28

序号	题名	文件夹数	图像数	标板数 +空拍	实际拍数	总拍数	总米数
2	[同治]高安县志二十八卷卷首一卷	9	625	11	644	682	30
3	[同治]高安县志二十八卷卷首一卷	8	419	11	437	475	21
合计		29	1624	33	1683	1979	79

备注:其中的标板数包含了技术标板,但不同数转模设备的技术标板数量不同。该例样根据设备实际情况,采用了两块标板,读者在计算应用时应结合实际使用设备进行计算。

在填写摄制清单时,应按照数字文献信息如实填写。保证前整理清单、MARC 数据和数字图像三者统一。检查无误后,统一交于数据制作人员。

3.4.4 匹配摄制号

图像完成分卷后,需要对文献进行摄制号的匹配工作。保证每卷中的摄制号是连续的,以便于后期统计和入库准备。在匹配摄制号的过程中,需要注意以下事项:

为了与传统拍摄相区分,缩微中心的数转模摄制号所采用的位数是相同的,但其简写却有所区别。缩微中心的数转模摄制号为 9 位,如 01D000001,其中前两位数字为成员馆代码,其根据各馆情况来填写。第三位是数转模的简称,目前采用 D,即 Digital(数字的,数据的)的大写字母缩写。

3.4.5 前整理数据制作

在完成文献清点及清单制作以后,前整理人员需要在丹诚软件中完善相关著录。在完善相关数据时,需按照对应的 MARC 数据,填写数转模数据的相应字段,其中包含 $097、$906、$907 和 $908 字段。

- 097 字段 $b 片盘代码 $d 母片卷数(在一卷多种情况下,只在本卷的第一种数据做标注)$g 文件夹号

- 200 字段 $a 题名 $e 卷数 $f 责任者 $g 责任者
- 905 字段 $d 原件索书号 $e 原件索书号
- 906 字段 $a1(指一卷一种) $b 片卷含(按照整理清单填写) $f(拍摄方式)

一种一卷或是多种一卷的情况下,906 字段只用标注 $a1 $b(片卷含) $f(拍摄方式)。

但是在一种多卷的情况下,需要重复 906 字段,按照卷数重复相同数量的 906 字段,同时也需要著录 $a(卷) $b 片卷含 $d 每卷米数 $e 每卷拍数 $f 拍摄方式。

例:当一种文献需要拍摄三卷时,906 字段应该标注为:

906 $a1 $b 卷首 - 卷 24 $d29 $e670 $f

906 $a2 $b 卷 25 - 卷 35 $d29 $e667 $f

906 $a3 $b 卷 36 - 卷末 $d15 $e345 $f

- 907 字段 $a 拍摄日期 $b 胶卷拍摄方式(如 35mm 和 16mm 银盐胶片) $c 总卷数 $d 总米数 $e 总拍数
- 908 字段 $a 母片收藏单位 $b 摄制单位 $c 前整理人员 $d 拍摄人员 $e 冲洗人员

图 4　前整理数据制作

3.4.6 数据校对

由于数转模文献是一种经过两次复制生成的复制品,作为其复制底本的纸本文献及其数字化影像的书目数据一般都已先期制作完成,因此,在制作数转模书目数据时,通常将纸本文献的书目数据作为原始数据,并在此基础上做进一步校对完善。具体操作步骤如下:

3.4.6.1 在纸本文献书目数据的基础上添加标识数转模载体特征的字段或子字段

①在 097 字段加入 $fSZM;

②添加 300## $a 数转模拍摄文献;

图 5 数转模书目数据所需增加的字段

3.4.6.2 原始纸本书目数据校对

根据数字图像,核对原纸本数据是否按照中国文献编目规则和中国机读目录格式的要求,正确反映了纸本文献的内容特征及载体特征,并对著录错误之处进行修改。这项工作保证了数转模书目数据与著录对象的一致性,是数据校对环节的工作重点。

尽管是在原始数据的基础上进行校对,实际上对待每个著录项目都与新制作的数据一样,需要按照规定信息源的选取顺序、编目规则和机读目录格式的要求——进行校对。通过对原始数据的校对，能够发现其中存在的问题，从而进一步提高书目数据的质量。具体的校对过程，由于和新做数据的要求一致，且内容过于繁杂，此处不再赘述。

3.4.6.3　核对035字段的源记录标识号

035字段著录原纸本书目数据记录标识号，以便于与纸本数据建立关联。格式如下：

记录标识号	0 0 1	15DM001776
ISBN号	0 1 0	▪b线装
源记录标识号	0 3 5	▪a312001070606
片盘代号	0 9 7	▪a00G▪b01D003735▪d1▪fSZM▪g4528
一般处理数据	1 0 0	▪a19991103d1751　　km y0chiy50　　　ea
作品语种	1 0 1 0	▪achi
出版国别	1 0 2	▪aCN
形态特征编码	1 0 6	▪az
缩微品形态码	1 3 0	▪adbfa010aaaa
题名与责任者	2 0 0 1	▪a贵筑县志▪9gui xi xian zhi▪b普通古籍▪e乾隆▪e二十四卷▪f(清)华西植修▪g(清)黄炎[等]纂
版本项	2 0 5	▪a刻本
出版发行项	2 1 0	▪d清乾隆十六年[1751]
载体形态项	2 1 5	▪a5册▪c图
一般性附注	3 0 0	▪a数转模拍摄文献；卷十五至卷二十三艺文，卷二十四内有撰著
版本书目史注	3 0 5	▪a10行22字小字双行同白口左右双边单鱼尾

图6　原文献记录标识号的著录

检索原纸本文献时需要注意以下问题：通常在纸本数据已经进行了单册挂接且挂接无误的情况下，索书号和纸本文献上的条码号都可以作为判断纸本文献与纸本数据相对应的依据。在纸本数据没有进行单册挂接的情况下，比如国家图书馆的古旧方志，只能依靠索书号判断两者之间的对应关系。因此，校对时应注意核对纸本文献书衣（封面或其他部分）上的索取号（通常数字图像上有显示）与纸本文献书目数据中的索取号是否一致，确认含有该索取号的纸本数据为数字影像底本的纸本的书目数据，在此基础上进一步确认数转模书目数据035字段的源记录标识号与纸本数据001字段的记录标识号是否一致。

当然，并非所有纸本文献的索书号都能在数字图像上显示。在校对古旧方志数转模书目数据的过程中就发现，存在相当一部分图像上并没有纸本文献的索书号。此时，应根据图像中显示的纸本文献的内容与外在特征，核对当前校对的数据（已含有纸本文献的索书号和记录标识号）是否与数字图像中显示的纸本文献的版本一致。如果是同一版本,索书号和记录标识号不做修改;如果不是同一版本,应在纸本文献的书目数据库中找到与数字图像中显示的纸本文献相匹配的数据,并将该数据的索书号及记录标识号分别记录在数转模书目数据的905字段和035字段,此种情况一般是由纸本文献的单册挂接错误造成的,当然也不排除数据本身版本著录错误的情况。此时,在纸本书目数据库中不存在与数字图像显示的纸本文献版本相匹配的数据,校对时只需将版本信息修改成正确的即可。

3.4.6.4　将906字段的错误反馈前整理人员

尽管906、907字段的著录并非数据校对环节的工作内容,但当校对时发现906字段的拍摄范围与数字图像不一致时,应将这一信息反馈给前整理人员,供其作为修改906字段的参考依据。例如,数转模书目数据200##$e的古籍卷数、215##$a的册数、316##$a的底本缺失情况的著录与906##$b的著录应该保持一致。在数据校对过程中,如果发现906字段的著录与以上三个子字段的著录不一致,应将这一情况反馈给前整理人员。如:

题名与责任者	2 0 0 1	■a贵溪县志■9gui xi xian zhi■b普通古籍■e乾隆■c二十四卷■f(清)华西植修■g(清)黄炎[等]纂
版本项	2 0 5	■a刻本
出版发行项	2 1 0	■d清乾隆十六年[1751]
载体形态项	2 1 5	■a5册■c图
一般性附注	3 0 0	■a数转模拍摄文献;卷十五至卷二十三艺文,卷二十四内有撰著
版本书目史注	3 0 5	■a10行22字小字双行同白口左右双边单鱼尾
折编复本附注	3 1 6	■a存十卷;卷一至卷八、卷二十三至卷二十四■5NLC:FGFZ:地250.57/34
国内其它分类号	6 9 6	■a地250.57■2pg1
人名等同责任	7 0 1 0	■c(清)■a华西植■9hua xi zhi■4修
人名次要责任	7 0 2 0	■c(清)■a黄炎■9huang yan■4纂
记录来源	8 0 1 0	■aCN■bNLC■c19991103
原文收藏信息	9 0 5	■a国家图书馆■fGFGZ■d地250.57■e34
缩微品收藏信息	9 0 6	■a1■b卷首-卷24■c卷9-21■f2B
缩微品管理信息	9 0 7	■a2017■b35mm■根盐■c1■d17■e396■f2017■g1

图7　906字段错误样例

3.4.6.5　MARC格式校验

利用MARC格式校验程序完成数转模书目数据的格式校验,从而在格式上进一步保证书目数据的质量。用▓marcpro完成书目数据中一些对应字段或子字段的一致性校验,如210$a与102$b、210$d与100字段的出版时间等;分别用▓TJ_FLD、▓TJ_SUBF、▓TJ_IND、▓TJ_HEAD完成字段标识符、子字段标识符、字段指示符及头标区的校验。在以上四个校验程序中发现的问题,还要通过使用其他辅助程序,如 ▣ IND1、▣ SUBFN 等,在批量数据中准确定位错误数据。以下为两个错误例子:

出版国别	1 0 2	■aCN■b 320000
形态特征编码	1 0 6	■az
缩微品形态编码	1 3 0	■adbfa010aaaa
题名与责任者	2 0 0 1	■a袁州府志■9yuan zhou fu zhi■b普通古籍■e正德■e十四卷■f(明)徐琏修■g(明)严嵩纂
版本项	2 0 5	■a影印本
出版发行项	2 1 0	■a 上海 ■c上海古籍书店■d1963

一般处理数据	1 0 0	■a19991103e 1960 506km y0chiy50 ea
作品语种	1 0 1 0	■achi
出版国别	1 0 2	■aCN■b310000
形态特征编码	1 0 6	■az
缩微品形态编码	1 3 0	■adbfa010aaaa
题名与责任者	2 0 0 1	■a袁州府志■9yuan zhou fu zhi■b普通古籍■e正德■e十四卷■f(明)徐琏修■g(明)严嵩纂
版本项	2 0 5	■a影印本
出版发行项	2 1 0	■a上海■c上海古籍书店■d 1963

图8　MARC 格式校验样例

3.4.6.6　数转模书目数据常用字段、子字段表及样例

表13　数转模书目数据常用字段、子字段表

字段	常用指示符	子字段	子字段说明	主要检索字段	必备性	可重复性
LDR	无	无	头标(05/n;06/a;07/m;08/0,2;10/2;11/2;20/4;21/5;22/0)		M	NR
001	无	无	缩微中心计划号		M	NR
035	无	$a	$a 源记录标识号		A	NR
097	无	$a $b $d $f $g	$a 中心号 $b 摄制号 $d 母片中第一种文献拍摄盘数(只在母片中第一种文献的书目数据中标注) $f 数转模标识(SZM) $g 数字图像文件夹号	主要	M	NR

字段	常用指示符	子字段	子字段说明	主要检索字段	必备性	可重复性
100	未定义	$a	通用处理数据项 定长数据元素,含36个字符 00—07:入档日期 08:出版日期类型(d,f,g,e) 09—12:出版年1 13—16:出版年2 17—19:读者代码(e,k,m) 20:政府出版物代码(y) 21:修改记录代码(0,1) 22—24:编日语种代码(chi) 25:音译代码(y) 26—29:字符集(50) 30—33:补充字符集(####) 34—35:题名文字代码(ea,eb)		M	NR
101	第1: 0,1,2 第2: 未定义	$a $b $c $d $e $f $g $h $i	文献语种: $a 正文语种 $b 中间语种 $c 原著语种 $d 提要语种 $e 目次页语种 $f 题名页语种 $g 正题名语种 $h 歌词语种 $i 附件语种		M	NR
102	未定义	$a $b	出版国别 $a 出版国代码 $b 出版地区代码		M	NR
106	未定义	$a	编码数据字段:文字资料_形态特征 $a(z)		M	NR

字段	常用指示符	子字段	子字段说明	主要检索字段	必备性	可重复性
130	未定义	$a	编码数据字段:缩微制品——形态特征定长数据元素,含11个字符 00:特定资料标识(d,e) 01:极性(a) 02:尺寸(d,f,m) 03:缩率等级(a,b,c,u,v) 04—06:缩率 07:色别(a,b) 08:乳剂(a,u) 09:代(c) 10:片基(a,u)		M	NR
200	第1:0,1 第2:未定义	$a $b $c $d $e $f $g $h $i $v $z $9	题名与责任说明 $a 正题名 $b 文献类型 $c 其他责任者的正题名 $d 并列正题名 $e 其他题名信息 $h 分册号 $i 分册名 $v 卷册编次 $f 第一责任说明 $g 其他责任说明 $z 并列题名语种 $9 正题名汉语拼音	主要	M	NR
205	未定义	$a	版本项 $a 版本说明	主要	M	NR
210	未定义	$a $c $d $e $g $h	出版发行项 $a 出版发行地 $c 出版发行者 $d 出版发行年 $e 制作地 $g 制作者 $h 制作年	次要	M	NR
215	未定义	$a $c $d	载体形态项 $a 特定文献类型标识和文献数量 $c 其他形态细节 $d 尺寸		M	NR

字段	常用指示符	子字段	子字段说明	主要检索字段	必备性	可重复性
300	未定义	$a	一般性附注 $a 附注内容		A	R
305	未定义	$a	版本与书目沿革附注 $a 附注内容		A	R
306	未定义	$a	出版发行等附注 $a 附注内容		A	R
316	未定义	$a $5	现有藏本附注 $a 附注内容 $5 便用本字段的机构		A	R
327	第1：0,1 第2：未定义	$a	$a 内容附注		A	NR
393	未定义	$a	系统外字符附注 $a 附注内容		A	R
500	第1：0,1 第2：0,1	$a $n	统一题名 $a 统一题名 $n 其他信息	主要	A	R
510	第1：1 第2：未定义	$a $e $h $I $v $z	并列正题名 $a 并列题名 $e 其他题名信息 $h 分卷册编次 $i 分卷册题名 $z 并列题名语种	主要	A	R
512	第1：1 第2：未定义	$a $e $9	封面题名 $a 封面题名 $e 其他题名信息 $9 汉语拼音	主要	A	R

字段	常用指示符	子字段	子字段说明	主要检索字段	必备性	可重复性
514	第1：1 第2：未定义	$a $9	卷端题名 $a 卷端题名 $e 其他题名信息 $9 汉语拼音	主要	A	R
515	第1：1 第2：未定义	$a $9	逐页题名 $a 逐页题名 $9 汉语拼音	主要	A	R
516	第1：1 第2：未定义	$a $e $9	书脊题名 $a 书脊题名 $e 其他题名信息 $9 汉语拼音	主要	A	R
517	第1：1 第2：未定义	$a $e $9	其他题名 $a 其他题名 $e 其他题名信息 $9 汉语拼音	主要	A	R
520	第1：1 第2：未定义	$a $e $9	曾用题名 $a 曾用正题名 $e 其他题名信息 $9 汉语拼音	主要	A	R
530	第1：1 第2：未定义	$a $b $9	识别题名 $a 识别题名 $e 修饰信息 $9 汉语拼音	主要	A	R
540	第1：1 第2：未定义	$a $e $h $i $9	编目员补充题名 $a 编目员补充题名 $e 其他题名信息 $h 分卷册编次 $i 分卷册题名 $9 汉语拼音	次要	A	R

42

字段	常用指示符	子字段	子字段说明	主要检索字段	必备性	可重复性
600	第1：未定义 第2：0,1	$a $c $f $x $y $z $j	个人名称主题 $a 标目基本元素 $c 名称的附加成分 $f 日期 $x 主题复分 $y 地理复分 $z 年代复分 $j 形式复分		A	R
601	第1：0,1 第2：0,1,2	$a $b $c $d $f $e $x $y $7 $j	团体名称主题 $a 标目基本元素 $b 次级机构名称 $c 名称的附加成分 $d 会议届次 $e 会议地点 $f 会议日期 $x 主题复分 $y 地理复分 $7 年代复分 $j 形式复分	主要	A	R
605	未定义	$a $x $j	题名主题 $a 标目基本元素 $x 主题复分 $j 形式复分	主要	A	R
606	第1：0, 第2：未定义	$a $x $y $z $j	普通主题 $a 标目基本元素 $x 主题复分 $y 地理复分 $z 年代复分 $j 形式复分	主要	A	R
607	第1：未定义 第2：未定义	$a $x $y $z $j	地理名称主题 $a 标目基本元素 $x 主题复分 $y 地理复分 $z 年代复分 $j 形式复分	主要	A	R
610	第1：0 第2：未定义	$a	非控主题词 $a 标目基本元素		M	R
690	未定义	$a $v	中图号 $a 分类号 $v 分类法版次	主要	A	R
696	未定义	$a $c $2	国内其他分类法分类号 $a 分类号 $c 分类复分 $2 分类法代码	主要	A	R

字段	常用 指示符	子字段	子字段说明	主要检 索字段	必备性	可重 复性
701	第1： 未定义 第2： 0,1	$a $b $c $f $4 $9	个人名称主要责任者 $a 标目基本元素 $b 名称的其余部分 $c 名称的附加部分 $f 日期 $4 责任说 明 $9 汉语拼音	主要	A	R
702	第1： 未定义 第2： 0,1	$a $b $c $f $4 $9	个人名称次要责任者 $a 标目基本元素 $b 名称的其余部分 $c 名称的附加部分 $f 日期 $4 责任说 明 $9 汉语拼音	主要	A	R
711	第1： 0,1 第2： 0,1,2	$a $b $4 $9	团体名称主要责任者 $a 标目基本元素 $b 次级机构名称 $c 名 称的附加部分 $4 责任说明 $9 汉语拼音	主要	A	R
712	第1： 0,1 第2： 0,1,2	$a $b $4 $9	团体名称次要责任者 $a 标目基本元素 $b 次级机构名称 $c 名 称的附加部分 $4 责任说明 $9 汉语拼音	主要	A	R
801	第1： 未定义 第2： 0	$a $b $c	记录来源 $a 国家代码 $b 机构名称 $c 处理 日期		M	NR
905	未定义	$a $d $e $q	原文献收藏信息 $a 收藏单位代码 $d 中图法分类号 $e 种次号 $q 子库代码		M	R
906	未定义	$a $b $c $d $e $f	缩微品收藏信息 $a 片盘顺序号 $b 拍摄内容 $c 缺失 内容 $d 米数 $e 拍数 $f 影像排列方式		M	R
907	未定义	$a $b $c $d $e $f $g	缩微品管理信息 $a 拍摄年月 $b 胶片规格 $c 总盘数 $d 总米数 $e 总拍数 $f 入库年月 $g 入库盘数		M	NR

44

样例：

记录标识号	0 0 1	13DM000391
ISBN号	0 1 0	▪b线装
源记录标识号	0 3 5	▪a312001076262
片盒代号	0 9 7	▪a00G000420▪b01D000048▪d2▪fSZM
一般处理数据	1 0 0	▪a20141106d1891　　km y0chiy50　　ea
作品语种	1 0 1 0	▪achi
出版国别	1 0 2	▪aCN
形态特征编码	1 0 6	▪az
缩微品形态编码	1 3 0	▪adbfa010aaaa
题名与责任者	2 0 0 1	▪a江浦稗乘▪Ajiang pu bai cheng▪e普通古籍▪e光绪▪e四十卷首一卷▪f(清)侯宗海,(清)夏锡宝纂修
版本项	2 0 5	▪a刻本
出版发行项	2 1 0	▪d清光绪十七年[1891]
载体形态项	2 1 5	▪a14册▪c图
一般性附注	3 0 0	▪a数转模拍摄文献，卷三十五至卷三十六艺文
版本书目史注	3 0 5	▪a10行21字小字双行同白口四周双边单鱼尾
国内其它分类号	6 9 6	▪a地220.21▪g1
国内其它分类号	6 9 6	▪a史部▪c地理志▪c方志▪a2sbf
人名等同责任	7 0 1 0	▪c(清)▪a侯宗海▪Ahou zong hai▪4纂修
人名等同责任	7 0 1 0	▪c(清)▪a夏锡宝▪Axia xi bao▪4纂修
记录来源	8 0 1 0	▪aCN▪b全国图书馆文献缩微中心▪c20141106
原文献收藏信息	9 0 5	▪a国家图书馆▪c地220.21▪d39▪c2▪qPGFZ
缩微品收藏信息	9 0 6	▪a81▪6I▪型"9册▪d6▪855U8▪fzb
缩微品收藏信息	9 0 6	▪a2▪b10册-14册▪d16▪m334▪f2B
缩微品管理信息	9 0 7	▪a201310▪b35mm银盐▪c2▪d42▪e684▪f2013▪g2

图 9　数转模书目数据完整样例

数转模书目数据的校对不仅决定着数转模的后续制作质量，而且关系到读者对数转模书目数据的使用效果，因此，校对人员应本着认真负责的态度高质量地完成这项工作。

3.4.7　维护前整理清单

完成对文献的 MARC 数据进行校对后，需对之前的前整理清单进行维护修改。按照相应的字段检查前整理清单，然后对清单进行修改，最终完成文献前整理清单的填写。

3.4.8　标板制作

完成数据校对后，前整理人员应根据完成的数据来制作标板和摄制清单，以保证标板和清单的正确性。同时，需检查前整理清单的内容，保证各项内容均与丹诚的 MARC 数据一致。不同的文献，其标板的格式和顺序也有所不同。标板是在一种文献拍摄前的提示和拍摄后的总结。主要包括摄制号、摄制单位、题名、责任者、版本、出版、数量及特定文献类型标识、附注、卷数、缩率、米数、馆藏信息、片卷摄制细目等。

3.4.8.1　标板格式要求

不同于传统纸质文献的标板,数转模标板需要制作电子标板,并将电子标板转化为数字存档机所能拍摄的文件类型,比如 PNG 格式、PDF 格式等。例如,针对赛数的 OP300/500 数字存档机,因其不能拍摄 WORD 格式的文档,所以在拍摄的过程中,需将 WORD 版本的标板转成可以拍摄的 PDF 格式再进行拍摄。

3.4.8.2　标板内容及顺序要求

参照全国图书馆文献缩微复制中心编制的《缩微品制作标准汇编》,不同的文献种类,其标板格式及数量也有所不同,下面针对目前缩微拍摄中较为常见的 4 种文献进行介绍。

（1）普通古籍

古籍缩微品标板主要包含卷片开始标板、摄制机构标板、技术标板、(前)著录、说明事项标板、本部书开始标板/(前)接续标板、(后)著录、说明事项标板、(后)接续标板/本部书结束标板,共 9 部分。

注意事项:

①本片卷含原件卷次,以印刷体阿拉伯数字表示。若原件不分卷,则本卷片含由原件卷次改为册次。

②技术标板是机器设备的检测标板,其中含有的要素需要包含检测 2 号测试图和连续或等间距的灰度图像。此标板需根据不同的设备厂商提供的测试标板而定。

③本部书开始和(前)接续标板使用时,一部书开始时用"本部书开始"标板。一部书用两盘以上胶片拍摄时,第一盘结尾用"本部书未完续后片卷"标板。第二盘开始用"接前片卷"标板。每部书结尾用"本部书完"标板。

例1:1 种文献拍摄在两个片卷内的情况,标板应如下图所示:

01D005522

2:1

全国图书馆
文献缩微复制中心

国家图书馆　制作
2016

[乾隆]歙县志二十卷首一卷
(清)张佩芳修:(清)刘大
櫆纂
清乾隆三十六年刻本
8册

母 片 收 藏
　　国家图书馆
原 件 书 号
　　地 230.135/34/部二
原 件 状 况

本部书共缩制2卷　　2:1　卷首-卷14
　　　　　　　　　　2:2　卷15-卷20

版 权 所 有　不 准 复 印

本部书开始

本片卷合:卷首-卷14

[乾隆]歙县志二十卷首一卷
(清)张佩芳修:(清)刘大
櫆纂
清乾隆三十六年刻本
8册

母 片 收 藏
　　国家图书馆
原 件 书 号
　　地 230.135/34/部二
原 件 状 况

本部书共缩制2卷　　2:1　卷首-卷14
　　　　　　　　　　2:2　卷15-卷20

版 权 所 有　不 准 复 印

本部书未完

续后片卷

本片卷合:卷首-卷14

01D005522

2:1

图10　一种多卷普通古籍标板样例

01D005522

2:2

全国图书馆
文献缩微复制中心

国家图书馆　制作

2016

[乾隆]歙县志二十卷首一卷
(清)张佩芳修；(清)刘大
櫆纂
清乾隆三十六年刻本
8册

本部书共摄制2卷　　2:1　卷首-卷14
　　　　　　　　　　2:2　卷15-卷20

母片收藏
国家图书馆
原件书号
地230.135/34/部二
原件状况

版权所有　不准复印

接前片卷

本片卷含：卷15-卷20

[乾隆]歙县志二十卷首一卷
(清)张佩芳修：(清)刘大
櫆纂
清乾隆三十六年刻本
8册

本部书共摄制2卷　　2:1　卷首-卷14
　　　　　　　　　　2:2　卷15-卷20

母片收藏
国家图书馆
原件书号
地230.135/34/部二
原件状况

版权所有　不准复印

本部书完

本片卷含：卷15-卷20

01D005522

2:2

图10　一种多卷普通古籍标板样例(续)

例2:一种或多种文献拍摄在同一片卷内,其标板遵照单种文献标板样式。

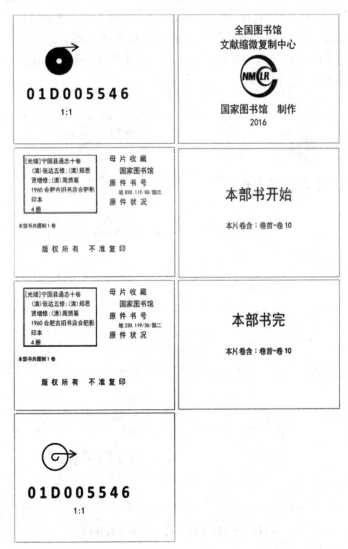

图 11　一种/多种一卷普通古籍标板样例

（2）民国书

民国书标板在格式上与普通古籍标板略有不同，其标板主要包含开始标板、摄制机构标板、技术标板、（前）胶片标板、著录标板、（后）胶片标板、结束标板。各标板包含的内容与普通古籍有类似之处。在一种文献拍摄于多盘胶片时，只有第一盘有著录标板，其他后面几卷不再拍摄著录标板。

图12　一种/多种一卷民国书标板样例

50

（3）报纸

报纸标板分为卷片开始标板、摄制机构标板、识别标板、著录标板、技术标板、片首胶片标板、分割标板、片尾胶片标板和卷片结束标板，共9部分。

其中识别标板的作用是为读者粗略提供所摄制整套报纸的主要数据，共包括报纸名称、出版者、出版地、版本、创刊日期、摄制胶卷的卷数。出版地应填写创刊时的出版地名，创刊停刊日期不详或不确切时，应将标板上的年月日字符替换成不详字样。

著录标板分为两部分，一部分为著录事项，一部分内容为摄制说明事项。著录事项按照中文报纸著录条例的要求填写，摄制说明事项内应包含片卷的书目、胶片的规格、原件的收藏单位、胶片的摄制单位、母片的收藏单位、原件状况说明、各片卷包括的日期及缺失细目。其中，原件状况的一般说明应指出原件总的情况，如原件缺失、原件部分缺损、原件保存年代久远缺失较多等。如在此处已注明原件保存年代久远缺失较多，那么在各片卷包含的日期及缺失细目中不可再列出缺失细目。

技术标板：按照不同的设备要求制作。

分割标板：该标板的作用是为了在片卷内进一步地细分目次，便于阅读检索。采用按"月"分割，标板上的内容为"／月"字样。为使标板在画幅与画幅之间出现时明显醒目，标板采用黑底白字。

在下列情况下，分割标板内应显示拍入年份：

①每一片卷的第一个分割标板；

②跨年第一个月（1月或其他打头的月份）；

③在一个片卷内拍同月份不同年份的报纸。

片尾胶片标板：目的是将摄制的内容完全封闭。

卷片结束标板：提示本种文献已经拍摄完成，本标板包含结束符号及摄制号等。

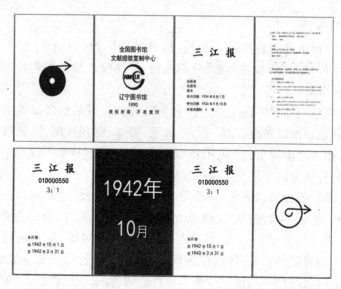

图13　一种报纸第一片卷内标板的样例

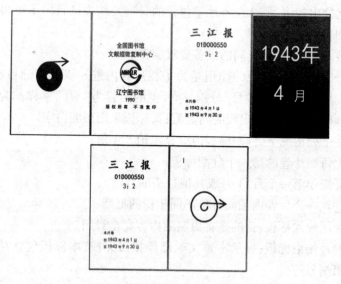

图14　中间片卷内标板的样例

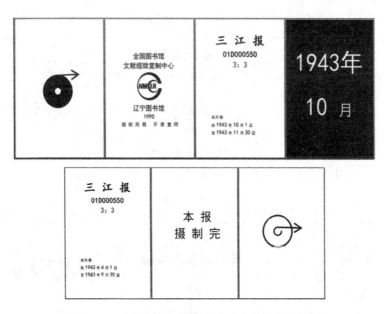

图 15　一种报纸全部拍摄完毕片卷内标板的样例

（4）期刊

期刊标板包含片首符号标板、片尾符号标板、摄制机构标板、片首、尾胶片标板、著录标板、技术标板、分割标板等。

若某种期刊大部分期的页数超过四五十页时，可按期加分割标板，即在期与期之间先空二拍，第三拍应拍摄分割标板。

若某种期刊大部分期的页数不是四五十页时，可按单元加分割标板，即相隔在150—250页左右按卷，或按月，或按季等有效率地划分若干单元，需在各单元之间先空二拍。第三拍时拍摄分割标板，单元内期与期之间只空一拍。

若某期刊出版频率不规则时，上述两种分割方式可同时在一种期刊拍摄中使用，具体做法同上。

01D007652

18:1

全国图书馆文献

缩微复制中心

国家图书馆 摄制

2016

版权所有　不准复印

甘肃省政府公报

1

本 片 卷

自 1927 年　　1　　期

至 1927 年　　24　　期

1927年

第　　1　　期

本 刊

摄 制 完

01D007652

18:1

图 16　期刊各标板的样例

3.4.9 摄制清单制作

在完成数据制作后,需按照摄制清单的格式及与数据相对应的字段填写摄制清单(见表14)。

表14 数转模摄制清单

计划号:001 　　　　　　　　　　　　　　　　　记录标识号:035$a

文献名称	【200$e】200$a$e				
收藏单位	905$a		版本	210 $d $c $a205 $b $a210 $h $g	
编著者	200fg			摄制单位	908$b
图像格式		图像来源		905$a	缩率
片卷编辑者	908$c	片卷代号	097$b	原件索书号	905de
总册数	215$a	总拍数	907$e	总米数	907$d
片卷拍摄者	908$d	摄制日期		拍摄机型号	
片卷冲洗者	908$e	冲洗日期		胶片颜色	
片卷检查者	908$f	检查日期		片卷规格	907$b
分卷号	906$a1	906$a2	906$a3	906$a4	906$a5
密度					
解像力					
接头数					
技术处理					
入库签收者		入库日期		中心编号	097$a
各片卷摄制细目					
分卷号	内容		米数	拍数	缺失细目
906$a	906$b		906$d	906$e	906$c

拍摄馆资料负责人(签字)_____日期___年___月___日

中心技术负责人(签字)_____

55

在填写数转模摄制清单中,需注意以下几项:

表15　填写摄制清单注意事项

图像格式	格式是指拍摄用的图像格式,如 JPG、TIF、PDF 等
缩率	如有原始格式,则遵照原始格式,如无,则不填写
日期	摄制日期、冲洗日期、检查日期等需由实际操作人员据实填写
拍摄机型号	按照实际拍摄机型号填写
胶片颜色	彩色缩微胶片对应的 MARC 数据为 907$h,如果为黑白色,则不做特殊标注
质检	质检人员需要按照实际检查情况,将每卷密度、解像力、接头数、技术处理等项目填写完毕。如遇一种文献超过 5 卷的情况,则应增加本页清单,直至囊括所有为止
片卷摄制细目	如存在一种文献拍摄于多盘胶片时,则应增加多行,将 906 字段都逐一添加进去
负责人	拍摄馆负责人及中心技术负责人应据实填写

3.4.10　文献交接

前整理人员将上述工作处理完毕并检查无误后,将所有材料与拍摄人员进行交接。交接内容包含交接清单、数字图像、前整理清单、摄制清单、标板等内容。如有需要备注及特殊情况,需与拍摄人员进行特别说明。

3.5　拍摄

数转模的拍摄过程主要是依托拍摄设备,根据设备的不同原理,调整软件参数设置。通过调整曝光量,也就是曝光时间和屏幕亮度,使得不同影像经过设备拍摄后,能满足质检的关于解像力和密度的要求,整个拍摄环节由设备自主完成,拍摄人员仅对设备操作和软件设置进行把控,从而更加高效、稳定地完成数转模拍摄工作。数转模的拍摄流程具体如下:

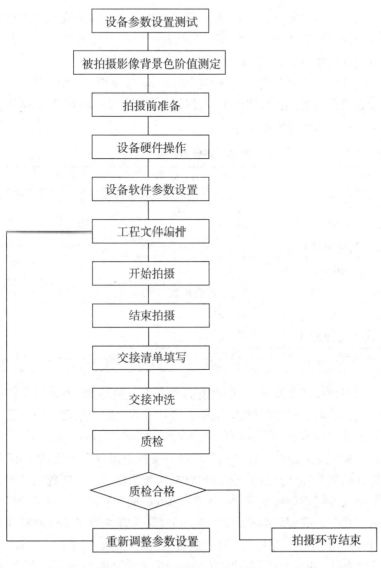

图 17　数转模拍摄流程图

3.5.1 拍摄环境规范

拍摄环境的选择,是保障数转模拍摄顺利进行的前提。应选择照明适度,安静,湿度和温度常年一致的独立空间。可根据本单位办公环境、人员、加工量、资金投入等因素,确定空间的大小。

设备的电气参数通常包括:电压、频率、电流消耗、保险电流。环境参数通常包括:温度、相对湿度、海拔气候条件等,表16为德国赛数数字存档机的运行环境。

表16 拍摄环境要求表

电气参数		
电压	230	V
频率	50—60	Hz
电流消耗,最大值	2	A
保险电流	5	A
环境参数		
温度	18—32	℃
相对湿度,无结露	小于80	%
海拔气候条件	⊕ ⊗	海拔小于2000m,非热带气候条件

拍照型数转模设备,以德国赛数数字存档机为例,采用曝光拍摄的方式记录数字影像信息,其工作方式是将数字影像呈现在一块精度极高的数字屏幕上,并利用光学技术对屏幕上的影像进行拍摄。

该类设备采用高精度显示屏幕以呈现待拍摄数字影像,适用于各种格式的数字文件和资料的缩微制作,支持黑白、灰度、彩色三种形式的数字文件同类型转换至16mm或35mm的缩微胶片上。图像增强符合ICC国际色彩管理标准,最大支持11520×7200像素(81000000像素,16mm和35mm卷片)。生产速度为600个画幅/小时(35mm卷片,200dpi),2400个画幅/小时(16mm卷片,200dpi),色彩品质为36位真彩色,元数据自动写入,支持3级光点,自动页码写入,自动调整比例,自动胶片切割,支持 600m 长度胶片,日光操作,自动图像处理和批量转换。

电脑是拍摄环境的重要一环,所有转化工作的编辑都需要在电脑上完成。电脑中 CPU 的运算速度、内存的大小、硬盘的空间都是影响编辑工作的重要因素。采用运算速度快、内存大、硬盘空间大的电脑,在处理过程中有助于提供编辑和转换速度。在拍摄过程中,电脑须专机专用,不可与外部网络连接,以避免感染电脑病毒。

3.5.2 设备参数设置测试

在数转模拍摄环节中,采用测量图像背景色阶值的方式作为衡量不同影像选择何种参数设置的方法(色阶值〔RGB 值〕的测定方法在3.5.3 中有详细叙述)。所以,在拍摄前,需要确定色阶值和设备参数所设定的一一对应关系,这一关系的确定即是在本环节内完成。在具体操作上,需要对不同设备进行试片,以得到这一设备的对应值。由于设备在拍摄过程中存在一定的损耗,所以本环节应每月重新测定,以保证拍摄的稳定性并满足质检的要求。

表 17 色阶值测试表格

曝光次数/屏幕照度 色块(色阶值)	4*40B10	4*40B12	4*40B16	5*40B12	5*40B14	5*40B26	6*40B10	6*40B12	6*40B16	7*40B10	7*40B12	7*40B16	8*40B10	8*40B12	8*40B16
170(85)															
190(65)															
200(55)															
220(35)															
240(15)															
250(5)															

曝光次数/屏幕照度 色块(色阶值)	9*40B10	9*40B12	9*40B16	10*40B10	10*40B12	10*40B16	11*40B10	11*40B12	11*40B16	12*40B10	12*40B12	12*40B16	13*40B10	13*40B12	13*40B16
120(35)															
125(130)															
130(125)															
140(115)															
130(125)															
140(115)															
150(105)															
160(95)															
标板参数:															

试片需要根据不同的色阶值,对应取值不同的曝光次数和照度(屏幕亮度)的搭配,做成如上表格,测试灰度标板的不同色块(对应的色阶值)(例如:色块 255,对应色阶值 0;色块 250,对应色阶值 5,色

块240,对应色阶值15,以此类推)对应不同参数设置时的密度,取密度范围在质检标准范围内(0.8—1.2),即可得出不同的色阶值应当对应何种参数设置(曝光次数×照度),以满足质检要求,并作为后续编辑工程文件时参数设置的依据。

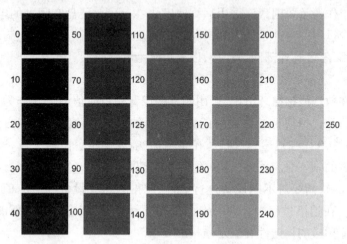

图18 数转模拍摄灰度标板

在实际试片中,将灰度标板用表中的不同参数设置值分别拍摄多次,冲洗后交付质检,测量不同的色块,即不同的色阶值对应不同参数设置而得到的密度值。密度值在0.8—1.2范围内的对应值即为试片需要得到的对应关系。对应色块的密度满足质检的要求,即得出了不同图像背景色阶值和拍摄软件参数设置(曝光次数/照度)的对应关系。

在依据灰度标板得出参数设置参考值后,可再将所需要拍摄的文献和标板,按照前整理阶段测量的色阶值实际由试片得到的对应参数设置进行拍摄,再次测量密度,如确实在质检标准范围内,可确定依次标准进行后续拍摄。这样,双重试片充分保证了参数设置的可靠性。此试片方式经实践检验准确性较高,但需注意由于设备损耗,在一定拍摄周期内,需要根据质检结果对参数设置随时调整,并定期重做试片以保证稳定性。

3.5.3 被拍摄图像背景色阶值测定

关于图像背景色阶的测定。胶片背景的密度与图像背景色阶值相关。数字图像的亮度强弱则是由色阶来表示的,色阶值越大,图像亮度越高,产生的缩微胶片的密度也就越高。因此,拍摄工作人员须观察整幅图像,准确地测量出图像的色阶值,为后期数模转换中参数的设定提供准确的依据。

由于待拍摄的数字影像质量存在差异,特别是在影像亮度方面,同一批甚至待拍摄在同一卷中的影像亮度都会有所差异。因此,为确保拍摄后的缩微胶片密度达到质量要求,应检测数字影像的亮度,即根据亮度与密度之间的对应关系给出数字影像的拍摄参数建议,以供拍摄环节参考。在确定影像亮度的过程中要尽可能地兼顾整体效率,对每一幅数字影像都利用人工做亮度检测是不现实的。通常测量图像背景色阶值的步骤如下:

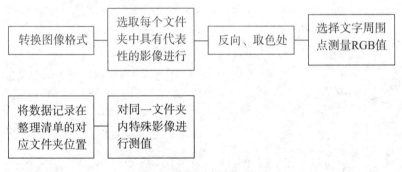

图 19　测量图像背景色阶值步骤

首先需要将原始格式的图像,例如 TIFF 格式通过图像处理软件,批量转化成 JPG 格式图像用于进行色阶值测定,从而提高打开图像影像的速度。

在转换图像格式结束后,根据前整理的整理清单,依次打开编排在同一卷中的文件夹,通过观察法选定数张待拍摄到同一卷中的具有代表性的影像,利用图像处理软件 PHOTOSHOP 测量其背景色阶值,

61

即 RGB 值,选择文字周围的背景选点测量,依次测量每张选取出的图片的背景色阶值。一般在基于保护原件和忠于原图像的基础上,不对文献进行特殊处理;在测量色阶值时,通过将图像反向、去色操作后,采用选点测量的方式,根据拍摄经验给出不同图像背景的色阶范围,例如色阶值35—45、色阶值45—55、色阶值55—65 呈阶梯状,在色阶的范围内,通过对比 3.5.2 中描述的色阶值与拍摄设备参数设定的对应表。在拍摄时,确定不同色阶值影像的拍摄设置,从而稳定保证图像拍摄质量,并将所测量的色阶值记录在前整理整理清单的对应位置。

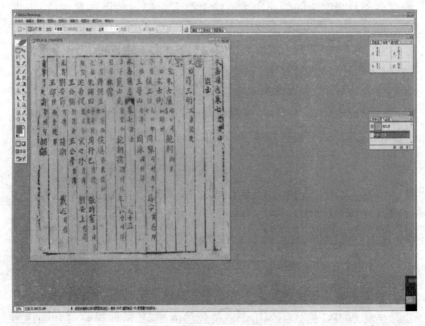

图 20　测量色阶值的示意图

经过反向操作的示意图如下：

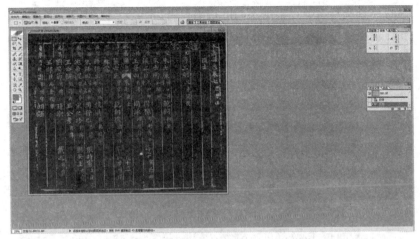

图 21　测量色阶值过程中的"反向"操作

经过去色操作的示意图如下：

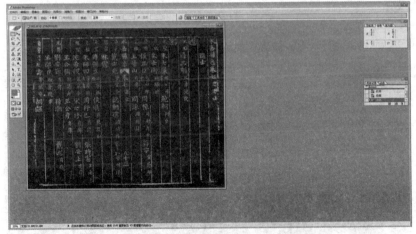

图 22　测量色阶值过程中的"去色"操作

色差范围较特殊的情况，一般分为两种：

第一种是封面或部分影像过深或带有颜色。处理这种情况通常需要测定特殊的色阶值,并在清单上做出标注,并提醒拍摄人员在拍摄时注意调整参数。根据不同的拍摄设备,带颜色影像的色阶值往往要对应比灰色图像更高的参数设置(更高的曝光量),需要拍摄人员根据经验和以往的拍摄数据进行调整;

这类特殊图像的示意图如下所示:

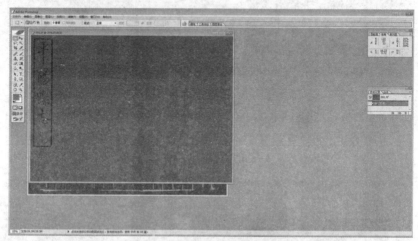

图23　颜色过深的影像示意图

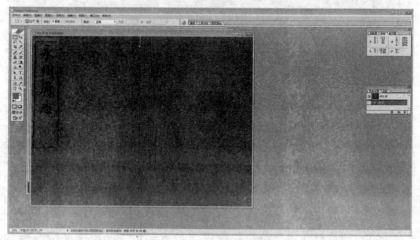

图24　带有颜色的影像示意图

第二种是同一幅影像色阶值不均匀,比如一半过高或过低。通过调整拍摄参数无法获得合格质量胶片的情况,本着不变更原件的原则,往往需要在清单上标注提醒质检人员,同时将色阶不均的影像按照不同区域的色阶值拍摄两次,每一次使得其中的一部分满足密度的质检要求即可。需要特别注意的是,在测值环节中,对不合格图片的质量、光暗(如封面较深、内有污迹及破损)等情况需要在相应的摄制清单中进行标注。

这类特殊图像的示意图如下:

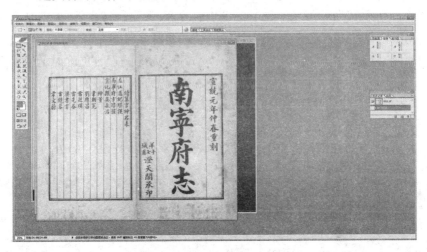

图25 色阶值不均匀的影像示意图

3.5.4 拍摄前准备

拍摄前,需要对由前整理交接过来的拍摄文献进行检查,要再次对前整理人员所出示的转换数字资源清单进行审核,检查数字资源是否完整,并检查是否合乎胶片打印要求。如发现有不符合要求的,应予提示并做相应处理。例如,需确定文献的打印胶片类型(35mm/16mm),区分是彩色、灰度还是黑白拍摄。在检查拍摄图像时,需要确定拷贝的原图像没有遗漏并能以设备接受的格式打开,原图像大小不超过设备拍摄的最高像素,以及图像需要以何种形式呈现在胶片上

（充满画幅、无缩放呈现或以一定缩率拍摄）。

在对拍摄影像检查无误后，需要对前整理的标板进行检查，避免标板出现错误而补拍标板。在检查标板时需要核对标板顺序和内容，特别是著录、说明事项标板的内容；由于标板以 PDF 形式保存，需注意避免一块标板因为 PDF 保存时保存成两页而出现拍摄时的空拍，如出现此类问题，应及时反馈给前整理人员进行修改。

在完成拍摄前准备后，正式进入数转模拍摄操作流程，拍摄人员按照数转模整理清单的编排顺序进行胶片拍摄。

在完成所有上述准备工作步骤后，进入数模转换步骤，也就是利用数字存档机拍摄的过程。数模转换的步骤主要包括设备的开启及检查、上卷、核对标板、拍摄正文内容，并根据前整理的色阶测定值来设置软件的照度和曝光时间参数，最终生成工程文件进行打印。打印完成以后，将胶片切断取出。在拍摄步骤中，最重要的就是设备参数的设定工作，参数设定将直接影响胶片的密度。其中，设备硬件部分的操作方法在 3.5.5 中详细介绍，软件部分参数设定部分可参照 3.5.6 中的详细介绍。

3.5.5 设备硬件操作

3.5.5.1 设备开关及维护

按照顺序，依次打开主开关，具体步骤为：打开压缩机—打开主机开关—启动电脑—开启拍摄软件—打开用户界面。

拍摄设备在开启后有一个初始化的过程，期间可以清楚地听到不同设备启动的声音，这个过程可能持续 60 秒左右。开启设备后应预热至少半小时，方可开始打印，以保证屏幕的温度。在不进行打印时应及时将设备关闭，以保护设备并延长显示屏寿命。

结束拍摄时，可以选择关闭设备的软件，按照关闭电脑—关闭主机开关—关闭压缩机的顺序关闭设备。

3.5.5.2 安装/拆卸 16mm 或 35mm 胶片

在黑暗环境下，在胶片轴上按设备示意的安装顺序装载 35mm/

16mm 卷片。装入卷片时,应首先在软件中设置,释放卷轴的制动装置和运输辊卡装置,使其可以顺畅无阻力地进行胶片安装。

安装时,必须确定在光线很暗的房间里操作,将卷片一直紧紧地固定在卷轴中。安装好胶片后,检查确认胶片确实在卷轴的凹槽中,确保胶片不偏离装载轨道而被划伤。装好后,用左右手分别扶住片轴相对用力,直到阻力不能带动胶片时,才能确定胶片正确地插入到片轴之中。根据不同设备的机械原理,需要拍摄人员确保在黑暗的情况下作业,压片、吸片和片盒等结构相互配合保证曝光时胶片可靠吸附,并在暗室装片/取片时,便于可靠定位和装卡。安装完毕后,扣上遮光罩,并确保其关闭到位。

如果在设备上将 35mm 胶片转换成使用 16mm 胶片,需要根据不同设备的机械原理,在片轴上装上垫片,并要将格式窗口和凹槽设备设置在恰当的位置上,以保证胶片不会被划伤。安装 16mm 胶片需要格外注意的是,由于对应 16mm 胶片的卡槽较窄,16mm 胶片在安装时非常容易滑动,需反复确认固定在卡槽内时,才可避免拍摄过程中胶片滑落,出现明显划痕,以导致胶片浪费的现象发生。

3.5.6 设备软件参数设置

3.5.6.1 设备软件操作

不同设备的软件界面虽有区别,但一般在拍摄设备屏幕一侧列表中显示的是按顺序排列的单个缩微胶片影像列表,另一侧显示的是当前拍摄的对应原缩微胶片影像,也就是曝光后打印在胶片上的影像。软件界面的功能键提供对胶片进行处理的各种选项。下图为德国赛数数字存档机软件界面。

如果在列表中任意一个地方插入一个设置元素,列表中的下一项目将先会被标记,再选择将要被插入的设置元素,然后,这个设置元素就被插入到选择的地方。

列表中的设置元素或被加载的影像均可以通过移动文件选项(向上/向下)移动位置。

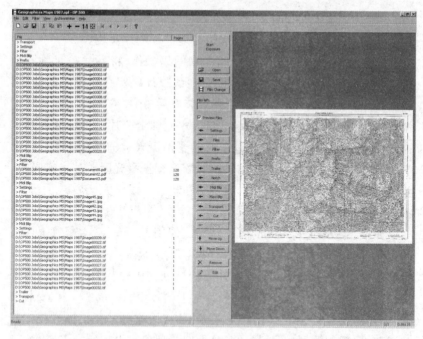

图 26　德国赛数数字存档机软件界面示意图

　　单个缩微胶片影像可以用 Windows 菜单处理剪切、复制、粘贴，或通过等效的快捷键处理亦可。

　　如果需要对设置元素进行操作，可以通过双击来打开并进行操作。

　　预览窗口可通过复选框的按键执行，列表中被选中的文件目录将显示在预览窗口中，预览图像不影响设置和正在被处理的影像文件。如果在胶片曝光时预览窗口正处于打开状态，将要被曝光的图像将被显示出来。需要注意的是，预览可能降低曝光的速度并因此降低系统处理速度。

　　一个完整的工程文件编辑需要有片头、被拍摄影像和片尾，被拍摄影像是在拍摄设备上，依据前整理清单编辑后的影像列表顺序，由上而下依次被曝光。文件被曝光时，所设置的信息越详细，所取得的效果也就越理想。

简单的胶片设置工作应当包括以下几点：

①过片：开始过片时，是将未被曝光的胶片传送到胶片曝光窗口，通常过片为700mm胶片；片尾过片，当最后一个被拍摄的图像拍摄结束后，需要继续过片到收片轴，以保证冲洗时不会导致最后的影像曝光，通常片尾过片为1100mm。

②设置：设置决定了胶片将要曝光的参数，包括胶卷的类型，格式等因素。

③标引：片头包括标题和其他可输入文本的信息，包括自动生成的内容表，被集成的测试文件和表格。

④文件夹：文件夹中数据被选中的，是将进一步被曝光的文件。这些数据将要按照前缀的参数被曝光，可以在前缀和依次排列的文件中插入其他的设置。

⑤标记：该设置项会在胶片的边沿印上标签，使得标签更容易快速检索。

⑥切断：该设置项会直接和前一个卷轴分开切断。

工程文件被建立后一定要被保存，可以用保存项直接保存或者另存在另外的文件夹中，以方便检查时打开。或在补拍时，参考之前设置的参数值进行调整。

3.5.6.2 主要参数设置

在数转模拍摄过程中，虽然不同设备的原理、操作方式均有所不同，但为了满足密度的质检要求，在拍摄设置中有几项核心参数的设置是必需的，这其中包括：

（1）胶片类型的选择

在拍摄过程中，编辑工程文件之前，需要确定拍摄的胶片类型和胶片的长度。胶片类型包括35mm或16mm胶片，黑白或彩色拍摄。针对胶片的长度，作业前需要计划当拍摄完成时，根据剩余米数的长度，是否接着前序剩余胶片的米数选择继续拍摄，或者选择新的一卷开始新的拍摄。如果这些前序的过程与工程文件拍摄类型不符合，则系统在拍摄时无法正常进行。同时，在拍摄过程中需要设置默认值，即胶片打印剩余至默认值时，将自动弹出对话框，以提示胶片剩余量不足，是否还继续进行拍摄，或者换新卷以避免拍摄画幅数过多而拍不下的情况。默认值的确定提醒拍摄人员，如果在胶片无法拍下前整理编制的整卷文献时，拍摄人员可以及时地发现并补卷，使拍摄完整。

（2）设置拍摄参数

在黑白胶卷拍摄过程中，密度是鉴别缩微影像质量的重要指标。密度是指感光材料经过曝光，显影定影后在胶片上单位面积金属银沉积量的多少，表现为背底变黑的程度。胶片上单位面积金属银沉积量越多，影像就越黑，密度就越高，反之，密度就越低。

数转模拍摄技术的成像原理为：当屏幕上显示数字影像的光纤射到胶片的乳剂层时，乳剂层内的卤化银晶体发生化学反应，并与邻近也受到光线照射的卤化银晶体互相聚结起来，沉积在胶片上，留下影像。乳剂层接收到的光量愈多，就有更多的晶体发生结构变化和相互聚结，冲洗后胶片的密度就越高，反之，光量越少，晶体的变化和聚结也越少，密度就越低。因此，数字影像的亮度直接关系到胶片的密度，这也是在测量图像背景色阶值的环节中，我们采用测量色阶值的方式去定义拍摄影像亮度的依据。在拍摄过程中，不同亮度，也就是不同色阶值的影像，在不同设备中通常是通过曝光量和设备照度来区分的。

我们通过试验得出结论：在曝光时间一定的情况下，同一色阶的胶片密度会随着机器照度的增加，而逐渐变高，当照度约为16时，胶片的密度基本趋于平稳，不再随着照度的增加而增加。在拍摄过程中，为了保证胶片的拍摄速度，可在此照度上下选择最佳的照度值。由于设备的照度设置直接影响设备，尤其是高精度屏幕的使用寿命，所以在拍摄设置次参数过程中，不能一味地为了提高拍摄速度，使用高照度值，需要在曝光时间和照度值之间进行协调配置。原始图像的色阶值越低,达到标准的密度范围区间所需要的照度越小,相反,原始图像的色阶值越高,达到标准的密度范围区间所需要的照度越大。为将密度控制在国家标准范围内,在设置参数时,根据原始图像色阶值,参照试片时测量表对应参数,即可得到相应胶片的密度值。

当图像色阶值相同时,随着曝光时间的增加,密度会逐渐提高,曝光时间相同时,图像色阶值越高,胶片的密度会逐渐提高;照度相同时,图像色阶值越小,受到曝光时间的影响就越大,相反,图像的色阶值越大,受到曝光时间的影像就越小。原始图像的色阶值越低,需要的曝光时间就越短,相反,原始图像的色阶值越高,需要的曝光时间越长。为了将密度控制在国家标准范围内,在拍摄过程中设置参数时,根据原始图像的色阶值,参照测量参数测量表对应参数,即可得到相对应的胶片的密度值。

在拍摄过程中,拍摄人员需要根据不同照度,不同曝光时间的调整所得出的密度和解像力的试验数据进行收集。了解曝光量对胶片质量的影响,了解设备性能,以更好地发现并掌握曝光量对密度的影响规律,曝光量等于曝光时间和照度的乘积,设备的曝光量直接影响胶片的密度,照度达到 16 时,密度基本上不再受照度的影响。不同色阶的图像,只要合理地调节曝光时间和照度,最终可以将拍摄影像的密度值控制在符合胶片长期保存的要求区间范围内。在拍摄过程中,需尽量选择曝光时间比较短的设置完成拍摄,同时也要考虑到一味增加照度会导致设备性能下降的问题。一般来说,在设置色阶值较低的影像时,尽量选用稍低的照度设置,并稍延长曝光时间,因为在色阶值较低时,曝光时间设置本身并不高,在适当的拍摄速度下,可以有降低照度的空间,保证设备的性能和寿命;而在拍摄影像色阶值较高时,往往需要曝光时间尽量短而选择 16—20 的照度的峰值,因为在这样的情况下,曝光时间本身就需要很长时间,为了保证拍摄速度,可以适当地降低照度的权重,优先拍摄时间。

在设备中,通常以曝光次数和照度(black/white 5×40ms B12)的形式命名,命名后选择界面下方实际对应的曝光次数和照度,并加以保存,方便在实际工程文件编辑时,直接调用对应的参数设置。

Exposure time 为曝光时间选项。曝光时间以 40ms 为单位,输入的曝光次数值决定了总的曝光时间。Basic brightness value 的值代表照度,取值范围为 1—20,照度越高,拍摄出图像的密度越高。由此我们得出拍摄影像的密度主要由参数设置中的曝光次数和照度共同决定,曝光次数越多,曝光时间越长,影像密度越深;照度越高,屏幕亮度越高。根据设备拍摄原理,得到的影像越深,密度越高,所以在拍摄时,需要让不同色阶值的图像符合曝光次数和照度配合的参数,以使得到影像的密度满足质检 0.8—1.2 的标准,从而保证拍摄的稳定性和质量标准。此处设置的数值必须准确并和命名相对应,以保证在拍摄时调取参数时不会出错,否则,经常容易出现的问题是仅在此处修改保存不同设置的名称,但实际的曝光次数值和照度并未相应更改,造成拍摄时的混乱。

在彩色胶片的拍摄时,可选择 Color or grey/black and white(彩色/黑白胶卷)拍摄 Profile(设置),这里用于通过 Browse(浏览)键加载彩色拍摄时的配置文件,此配置文件是通过颜色校准后得到的,以保证彩色拍摄时颜色不会失真。"Color channel weight"(色彩比重通道)可以决定彩色中红绿蓝各自的比重,通常以红色为参考值,绿色和蓝色由曝光时间自动校准取值。

3.5.7 工程文件编排

工程文件编排的大致流程如图 27。

3.5.7.1 设置胶片类型

通过胶片类型变换选项,选择 35mm 或者 16mm 的胶片类型,并选择黑白打印或是彩色打印。

3.5.7.2 过片

在每一个工程文件中,开始和结束时都需要过片,通过传输选项实现。一般来说,片前过片 700mm,结尾时过片 1100mm,以防止曝光。

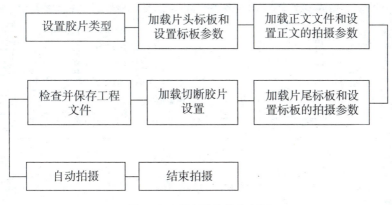

图 27　工程文件编排流程图

3.5.7.3　加载片头标板和设置标板参数

对于黑白拍摄,通过设置选项设置标板参数,此处通常选择灰度类型,通过调整曝光时间和照度选择合适的参数拍摄标板,以使密度达到质检要求。

其中,参数的设置通过选择上文中提到的参数设置选项中设置好的参数来进行调整。

数转模所使用的标板与传统拍摄相同,分为技术标板和著录标板。技术标板,用于测试转换设备光学系统的检测与评估。数转模工作涉及的技术标板分为两类,一类是扫描过程中对扫描设备的性能检测标板,其特征及使用方法可详见 GB/T 20493.1—2006 及 GB/T 20493.2—2006。另一类是数转模拍摄过程中拍摄系统的性能检测标板,该标板为原生电子标板,关注点是拍摄系统的解像力和灰度,如图28、图29 所示。检测方法如下:以固定参数拍摄解像力和灰度标板,通过视觉观测的方法对胶片上解像力标板进行检测,若可观察到最小线对,则说明拍摄系统解像力合格;利用密度计检测灰度标板中固定灰块的密度值,每次得到基本相同的数值,则说明曝光和冲洗的环节是稳定的。

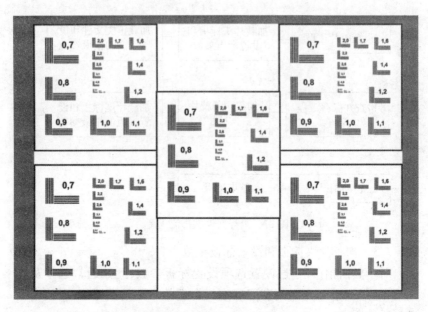

图 28 技术标板示意图

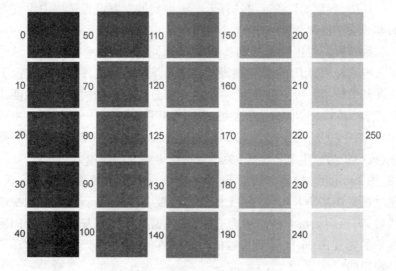

图 29 灰度标板示意图

74

著录标板,数转模著录标板与传统拍摄用著录标板基本一致。需要特别注意的是,数转模拍摄中的标板不同于传统纸质文献的标板,需要在 WORD 文档中建立标板,并根据不同数字存档机能加载的文件类型,将 WORD 格式的标板,转化为不同的文件格式,比如 PNG 格式,PDF 格式等。

对于普通古籍文献,需依次加载片前标板,如第 1—6 块标板,在编排片前标板之后,和正文拍摄之间需要保留一拍(40mm)的空拍。

对于民国书文献,需依次加载第 1—5 块标板,编排片前标板之后,和正文拍摄之间需要保留一拍(15mm)的空拍。

对于彩色拍摄,需要在技术标板和灰度板后加载色彩对比标板,其参数设置也与黑白拍摄不同,除了需要选择合适的曝光次数外,还需要加载测试过的适当配置文件进行拍摄。

3.5.7.4 加载正文文件

按照前整理编排好的每一卷顺序,将已经合理分配的原件按分册加载到工程文件中,并通过按键加载文件选项实现。册与册之间需要保留空拍(普通古籍空一拍 40mm,民国书空一拍 15mm)。

对于原件的页次号码有误或位置不对的情况,应按前整理的标注,重新理顺,按正确位置排列,一般多为封面封底的位置。

由此可得出几种不同类型文献的拍摄排列顺序:

(1)期刊

①一种期刊拍摄在一卷内,标板顺序:

片首符号标板	摄制机构标板	著录标板	片首胶片标板	空拍	技术标板	分割标板

封面	正文区	封底	空一拍	片尾胶片标板	结束标板	片尾符号标板	片尾

②一种刊物拍摄在多卷的情况下,其中间片卷拍摄顺序:

片头	片首符号标板	摄制机构标板	片首胶片标板	空拍	技术标板	分割标板	封面

正文区	封底	空拍	片尾胶片标板	片尾符号标板	片尾

③一种刊物摄制在多个片卷内,最后一卷片卷的标板顺序:

片头	片首符号标板	摄制机构标板	片首胶片标板	空拍	技术标板	分割标板

封面	正文区	封底	空拍	片尾胶片标板	结束标板	片尾符号标板	片尾

（2）报纸

①一种报纸第一片卷内标板的内容和顺序:

片头	卷片开始标板	摄制机构标板	识别标板	著录标板	空拍	技术标板

片尾胶片标板	分割标板	报纸正文	片尾胶片标板	卷片结束标板	片尾

②一种报纸中间片卷标板的内容和顺序:

片头	卷片开始标板	摄制机构标板	技术标板	片尾胶片标板	分割标板

报纸正文	片尾胶片标板	卷片结束标板	片尾

③一种报纸全部拍摄完毕后,卷内标板的内容和顺序:

片头	卷片开始标板	摄制机构标板	技术标板	片尾胶片标板	分割标板

报纸正文	片尾胶片标板	摄制完标板	卷片结束标板	片尾

(3)古籍

拍摄排列顺序示意图:

封面	空幅	(前)接续标板	(前)著录、说明事项标板	技术标板	摄制机构标板	卷片开始标板	片首

片尾	卷片结束标板	(后)接续标板	(后)著录、说明事项标板	空幅	封底	正文

(4)民国书

①竖排版(向左翻页):

封面	空拍	著录标板	胶片标板	技术标板	摄制机构标板	开始标板	片首

片尾	结束标板	胶片标板	空拍	封底	正文

②横排版(向右翻页):

片首	开始标板	摄制机构标板	技术标板	胶片标板	著录标板	空拍	封面

正文	封底	空拍	胶片标板	结束标板	片尾

③一部书摄制多盘胶片时,以册分档第二盘胶片(以横排版为例):

片首	开始标板	摄制机构标板	技术标板	胶片标板	空拍	封面	正文

封底	空拍	封面	正文	封底	胶片标板	结束标板	片尾

3.5.7.5　设置正文的拍摄参数

在数转模过程中,与缩微影像密度相关的参数设置包括照度和曝光时间。照度是指用来呈现待拍摄数字图像的高精度屏幕的亮度。照度参数值的变化,使得屏幕上每个像素亮度发生变化,从而起到对原始数字图像整体亮度调整的作用,其实质是对拍摄出的缩微影像密度的控制。曝光时间决定着胶片曝光的时长,曝光时间越长则拍摄出的缩微影像密度越高,反之则越低。由此可见,这两项参数相互配合,所起的是调节缩微影像整体密度的作用。

对于黑白文件,需要对应前整理时对于不同原件的色阶值,并选择经过试片测定的参数调整曝光时间和照度,而使得不同质量的原件都能满足质检的0.8—1.2的密度标准。相关参数可通过设置选项实现,在设置中通过不同的功能键调整片间距,是否充满画幅或者以固定缩率拍摄,确认横排或竖排等排列方式,是否自适应宽度,是否显示源文件信息等。对于相同色阶范围的原件可以给出相同的参数,对于具有特殊色阶值的原件,例如颜色较深的封面,需要对应每一拍设定特定参数。对于特殊情况需要特殊处理,比如原件的左右两侧深浅不一,并且相差很多时,需要根据两边不同的色阶值对原件进行两次拍摄,分别满足两边文献符合质检要求的参数设置,并在整理清单中备注,以便提示检查人员注意。

对于彩色拍摄,除了需要选择合适的曝光次数,还需要加载测试过的适当的配置文件进行拍摄。

3.5.7.6 加载片尾标板和设置标板参数

如上文加载的片前标板相同,黑白、彩色文献通过如上所述的设置选项设置标板参数。

以普通古籍为例,依次加载片尾标板:第7—9块标板,片尾标板和正文拍摄之间需要保留一拍(40mm)的空拍。

以民国书为例,依次加载片尾标板:第6—7块标板,片尾标板和正文拍摄之间需要保留一拍(15mm)的空拍。

3.5.7.7 切断胶片

在整卷工程文件编排完成时,可以通过切断选项用切刀切断胶片。

3.5.7.8 检查并保存工程文件

编排完整后,需要重新检查是否注意前整理标注的所有问题,并检查前整理的标板是否正确,如发现问题应及时反馈给前整理人员,避免在检查时出现大量补标板的问题。此外,还需检查一卷内文件夹的加载顺序是否有漏拍,以及每一文件夹内的文件加载顺序及是否有漏加的文件,以及在加载过程中是否有设备不支持的文件格式。最后,需要再按照前整理的每个文件夹内特殊文件的不同色阶值,检查设置的参数是否正确,以保证拍摄文件的密度质量。

将整卷的工程文件通过保存选项保存至合适的路径,并按照摄制号命名,以便以后查阅设置参数,保存的文件也可以在软件中通过打开选项重新打开。应注意的是,在一卷的工程文件编制过程中,需要随时保存文件,以避免当加载文件格式不被设备支持时,系统软件会报错直接退出,以致工程文件编辑无法使用的状况出现。

3.5.7.9 自动拍摄

确认工程文件无误后,按开始拍摄选项进行拍摄。普通古籍文献,每卷35mm胶片600拍,在平均4—5次曝光次数的设置下,拍摄时间为1.5小时;民国书文献,每卷16mm胶片2000拍,平均3—4次曝光次数的设置下,拍摄时间为3.5小时。

3.5.7.10　结束拍摄

当一整卷的工程文件拍摄结束时会弹出对话框,问是否切断胶片,如果确认完成,可以选择切断,同时可以在对话框中看到剩余胶片的米数,以决定是否重新开启一卷新的胶片(一般30m),如果选择继续使用剩余胶片,剩余的胶片米数将记录在软件中,下次开机时仍然保留该数字可继续拍摄。

一卷结束后如无剩余胶片,选择切断后需要取出胶片,取胶片的过程需要在不透光的环境下取出,并将拍摄完的胶片装入暗盒中交给冲洗人员冲洗,剩余的胶片米数如果很少,可以作废弃处理,并重新装载新的胶片;如果剩余米数较多,可以用剩余胶片重新装载并继续拍摄。选择打开空白的界面,重新建立新的工程文件并命名,开始新的拍摄。

在装入拍摄完毕胶片的暗盒上标注摄制号并填写交接单,以便冲洗人员和质检人员查验。交接单包括以下内容:拍摄人姓名、日期、拍摄设备名称、拍摄文件的摄制号、拍摄拍数,交接单用复写纸一式两份,一份由拍摄人员留存,另一份放在暗盒中交由冲洗人员。

在结束拍摄任务后,可以选择关闭设备的软件,需按照关闭电脑—关闭主机开关—关闭压缩机的顺序依次关闭设备。

3.5.8　拍摄注意事项及常见问题分析

3.5.8.1　设备问题

①设备空闲时建议每周运行2次,每次运行时间大于0.5小时。

②当运行环境不能满足要求时,可能会对设备造成损害。

③设备长时间不使用,建议每个月做一次防锈处理工作。

④参数设置依不同设备而有所差异,不同设备的参数设置不同,即针对同样的数字资源,所用的拍摄参数有所不用,其原因可能是设备本身配置不同。在拍摄时,需要区分对待。另外需要注意的是,在一台设备上试片得到参数依据,不可用于所有的设备上。

⑤参数设置的随时调整。设备随着使用时间的增加,其曝光次数

的设置,会随时出现参数设置与先期不同的情况(后期的参数,包括曝光时间和照度,要求比先期更高),需要及时根据质检的反馈进行调整。切忌积压拍摄好的胶片,拍摄人员每天都应将日常拍摄完成的胶片交付冲洗人员,并及时送达质检人员,以便及时地得到质检的反馈意见。对于拍摄密度不合格的文件,应及时补拍,随时调整参数设置。根据拍摄的实际经验,在随着拍摄的进行,在拍摄后期,对于色阶值比较高的影像,往往需要选择比测值时对应参数表上所设置的更高参数(更多次的曝光时间)进行拍摄,也就是拍摄的衰减对于色阶值更高影像的影响更为明显,这就需要及时根据质检结果调整曝光时间,而在质检出现密度过高或过低的情况时,需要根据之前保存的工程文件中已设置的参数设置进行调整,做到有的放矢,避免多次重复拍摄,尽量保证拍摄质量,节省胶片的使用。

⑥软件程序的报错处理。在打开已保存文件时,有时会出现报错退出程序的状况,此状况主要是由于系统软件不够稳定或不兼容,所以应注意随时保存,并且在编辑好一整卷工程文件后,尽量在当天留出足够的时间拍摄打印,不宜拖后完成。如遇错误文件、系统软件不支持的格式或无法识别的文件,软件系统会直接退出程序。对于这一情况,拍摄人员应随时对编辑好的工程文件进行保存。

⑦硬件问题排查。拍摄中如出现数字文献无问题,而拍摄冲洗出的胶片存在黑影(或只出现半页),或在拍摄比较集中时,设备出现间歇时间过长,呈现假死状态等情况,此时,应积极排查问题的根源,观察该现象是否是由于冲洗条件所导致的,如排除其他原因,确认是设备本身的硬件问题,应与设备供应商联系,对机器设备进行不定期调试和维护。

⑧设备维护和探索。对于设备出现的衰减问题,尤其是在同样的色阶值下,需要越来越高的曝光次数设置的情况,或者色阶值较高的影像需要超出正常曝光次数设置时,例如出现需要曝光次数高达40—50次曝光时,应及时和供应商联系,对设备的硬件,如高清晰度屏幕、

光圈等进行调整,同时应结合不同设备的原理,深入研究设备软件中的功能,是否能通过软件中自带的功能调整图像亮度。

3.5.8.2 拍摄过程中常见问题分析

①不同批次胶片对拍摄的影响。不同批次的胶片在更换时可能导致由于胶片本身的不同而使拍摄参数产生明显变化,这就需要及时进行试片测试,避免浪费和废片。

②16mm 的胶片装载需要特别注意,该步骤易造成胶片划伤。

③软件编排时对不同种书的处理。当一种书不足以拍一整卷,而又需要不同种书拍在一卷中时,几种书的间隔应为 320mm;当一种书在拍完一卷或几卷的完整卷时还有剩余,并需要和其他同样情况、不同种书的剩余卷编排在一卷时,不同种书之间的间隔应为 1500mm。需要按照前整理要求和备注重新编排封底位置,该步骤需要特别注意。

④对特殊图像的处理方式。处理质量不好的数字文献时,所采用的方式也有所不同,具体需按情况确定统一的处理方式,如方志文献采用的是前整理时测量色阶值确定拍摄参数的方式,家谱文献采用的是 PHOTOSHOP 等工具处理图像的方式,同时不排除未来有更好的方式对原文献进行处理和标注,以使得拍摄的密度值更加稳定,符合质检的要求,降低重拍率。

⑤在冲洗环节,若冲洗药液为新换药液,则会对胶片密度产生影响,需要及时做试片进行参数调整。

⑥拍摄中影像密度不均匀的处理。拍摄中,如出现冲洗出的影像深浅不同,密度不均匀的情况,如非文献本身的问题,应及时和供应商联系对设备进行调整。

3.6 冲洗

在完成拍摄以后,需与冲洗人员进行胶片和清单的交接。在冲洗过程中,需要严格遵守冲洗规则。

3.6.1 开机前

①检查机器有无漏水、漏液；

②检查供、收片轴，过片轴转动是否灵活；

③检查药水量、药效力（定影液：定影时间的 1/3 时间内定透有效），加补充或更换新药；

④检查喷水管，供、出水阀门及水温、药温、调整水流量；

⑤牵引片、接片工具、剪刀等备齐并放固定位置。

待上述一切正常后，方可通电预热。

3.6.2 开机注意事项

各药槽、水槽、恒温箱在不加水或水位低的情况下禁止开机。

3.6.3 预热期间

①检查循环泵、输片速度、胶片张力；

②调整确定药温、水温；

③观察机器各部位运行是否正常，如有异常应及时排除。

预热完成后，通过标准显影温度、洗片速度冲洗试片，一切符合要求后进入正常冲洗。

3.6.4 开机后

①工作人员不得擅自离开冲洗间，应随时观察仪表，注意机器运行；

②根据冲洗机的常见故障，事先做好预防和应急措施；

③每次冲洗完毕对药液使用进行记录；

④对于送来的待冲洗胶片，应在 24 小时内冲洗完毕，如遇到特殊情况应妥善保管好胶片，并告知拍照人员；

⑤冲洗结束时，应先关闭水，最后关电源，并清洗组片架轴和药槽；

⑥应随时保持冲洗机与之配套设备的清洁。

3.7 质检

3.7.1 质检流程

数转模缩微胶片的质检应该严格遵守质检规则，保证缩微胶片达到国家标准的要求。从流程上看,数转模质检主要分为母片接收、母片质检、补拍与接片、收卷等环节。

完成质检的胶片如果符合相关标准及要求,则进行标签的打印、粘贴及收卷待入库。在质检中如发现胶片质量存在问题,需要进行重新拍摄的,质检人员则需向拍摄人员开具补单,补单内容主要包括:问题原因、补拍内容、密度值等相关信息。拍照人员按照补单的内容重新拍摄后,胶片再次回到质检环节,如补拍部分质量合格,则通过超声波接片机将补拍的胶片接回原位,并打印标签、收卷待入库(如图30所示)。

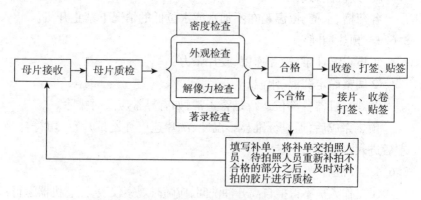

图30 数转模胶片质检流程图

3.7.2 母片接收

在母片接收环节,质检人员需将冲洗人员冲洗后交送的数转模母片按日期、摄制号、卷数、送卷人、质检接收人等信息填写母片交接单(如图31所示)。

按摄制号(图32、图33 圆圈位置)将母片和拍摄人员交送的数转模摄制清单、整理清单一一对应,为后续的质检工作做好前期准备。

数转模母片交接单

日期	摄制号	卷数	送卷人	质检接收人
2017.3.10	01D003626 2:1 2:2	2	XX	XX
	01D005101--01D005103	1		
	01D002099	1		
	01D005104	1		

图 31　数转模母片交接单

数 转 模 摄 制 清 单

计划号：1510#001076　　　　　记录标识号：312001068189(国家馆)

文献名称：	[康熙]巢县志二十卷				
收藏单位	国家图书馆	版本	清康熙十二年[1673]刻本		
编著者	(清)于觉世修;(清)陆龙腾[等]纂		摄制单位	国家图书馆	
图像格式	TIF	图像来源	国家图书馆数字资源部	缩率	
片卷编辑者	宁三香	片卷代号	01D0055391	原件索书号	地 230.99/32
总 册 数	6册	总 拍 数	548	总 米 数	26
片卷拍摄者		摄制日期		拍摄机型号	OP300
片卷冲洗者	曹宏	冲洗日期		胶片颜色	黑白
片卷检查者		检查日期		片卷规格	35mm 银盐
分卷号	1	2	3	4	5
密　度					
解像力					
接头数					
技术处理					
入库签收者		入库日期		中心编号	00G
各片卷摄制细目					
分卷号	内　　　　容	米数	拍数	缺　失　细　目	
1:1	卷首-卷 20	26	548		

拍摄馆资料员负责人（签字）_____　　　　日期___年__月 __ 日

图 32　数转模摄制清单

数 转 模 整 理 清 单

文件夹号: 2723　　摄制号: (01D005539)　　原件索书号: 地230.99/32

文献名称: [康熙]巢县志二十卷　　记录标识号: 312001068189

原始状况		册数		米数	拍数
		6		26.00	548

书目信息　部类

册次	卷次	叶数	文件号	分卷、画幅	备注(tif RGB简约TR)
	卷首-卷1	46	1	1:1	无封面封底
	卷2	5	2		
	卷3	2	3		
	卷4	13	4		
	卷5	5	5		
	卷6	13	6		
	卷7	10	7		
	卷8	10	8		
	卷9	39	9		
	卷10	18	10		
	卷11	5	11		
	卷12	23	12		
	卷13	21	13		
	卷14	18	14		
	卷15	43	15		
	卷16	6	16		
	卷17	78	17		
	卷18	73	18		
	卷19	71	19		
	卷20	19	20		38+11+518+19=586/548

图33　数转模整理清单

　　母片接收完成后,应将待质检的母片和清单及时放入胶片储存柜妥善保管,并及时对胶片进行质量检查。

　　3.7.3　母片质检标准及问题处理方法

　　母片的质检工作主要围绕四个方面:母片密度、母片外观、母片解像力、著录信息。

　　3.7.4　母片质量问题分析

　　母片拍摄完成后如出现不同质量问题,可根据出现的质量问题分析出问题出现的相应原因。

表 18　母片质检标准

检查项目	质检要求及问题处理
一、密度检查	（1）标准密度范围 　　报纸:0.8—1.2 　　善本:0.9—1.2 　　期刊:0.8—1.2 　　期刊低反差原件:0.7—1.1（不影响质量等级） 　　中文图书:0.8—1.2 （2）以标准密度值为基础允许 ± 差值范围 　　报纸 ±0.05,即 0.75—1.25（但一卷片内密度差不得超过 0.4）;善本 ±0.1,即 0.8—1.3（但一卷片内密度差不得超过 0.4）;期刊及中文图书 ±0.1,即 0.7—1.3（但一卷片内密度差不得超过 0.4） 　　注:在一卷片内如报纸纸色变化复杂密度差允许为 0.5 （3）善本书原件特殊纸色反差较大采用综合曝光密度确定 　　①"中间值"曝光密度范围 0.8—1.3（以一个画幅内影像背景密度差≥0.3 进行鉴别） 　　注:a. 整本古籍线装书相邻两叶纸色差别较大时,可取中间值曝光（即选择适合两叶曝光量的电压）,使两叶影像背景密度在范围以内;b. 一册书有10%（含）以上相邻两叶纸色差别大时,即按整本执行;少于10%,则两叶分别以不同的曝光量拍摄 　　②"中间纸白,四周纸黄",密度范围 0.8—1.3。注:密度测试取中心和边栏附近 　　③"花书"密度范围为 0.8—1.3

检查项目	质检要求及问题处理
	(4)灰雾密度 　无色片基未曝光区密度值(片基加灰雾)最大不得超过 　0.07 (5)标板背景密度值 　片头片尾分割著录标板背景密度1.3—1.5,50%灰板密 　度范围1.0—1.2 (6)密度测试部位的选择 　报纸:在有文字的区域空白不透字部位测试 　善本:在有文字的区域空白行不透字部位测试 (7)有效、无效变光 　在一个画幅内背景密度差值在0.3(含)以上为有效变 　光,低于0.3为无效变光 　注:拍摄时是否需要变光应视原件具体状况决定。如原 　件折痕,纸面粘贴半透明胶纸及个别文字污染等造成密 　度下降可以不计
二、外观检查	
1.指纹印痕	(1)片头片尾空白片部位有少量指纹印痕(包括轻微黑色指 　纹),可以通过"√"(以下凡划"√"者,意为通过) (2)画面上有指纹不论是否影响文字,都不予通过"×"(以 　下凡划"×"者,意为不通过)
2.划伤(乳剂脱落或擦伤)	(1)片头片尾(包括标板区)有轻微划伤"√" (2)正文画面内有轻微划伤(以上不影响拷贝质量,即第二 　代拷贝片看不到划痕为限)"√" (3)画面上有黑色划痕,片头片尾空白区有严重黑色划痕"×" (4)片头片尾红白区轻擦伤"√",画面上擦伤"×" (5)乳剂脱落"×"

检查项目	质检要求及问题处理
3. 水迹	(1)片基面有水迹,经技术处理后消除"√" (2)乳剂面有水迹,经过技术处理后不留痕迹,不损伤乳剂面的"√",否则"×" (3)水迹严重不论在片基或乳剂面都应重新漂洗,漂洗后水迹消除"√",否则"×"
4. 色斑	因药液或其他原因造成的胶片污染,应查明原因,然后重新漂洗,漂洗后色斑消除"√",若留下斑痕"×"
5. 脏污	(1)胶片局部粘有脏物,经技术处理后去除,不损伤胶片"√",否则"×" (2)一卷片内若多处粘有脏物,或整卷胶片不干净,应重新漂洗,漂洗后脏物消除"√",否则"×"
6. 折痕	(1)片头片尾空白区有轻微折痕"√",折痕严重"×" (2)标板或正文有折痕"×"
7. 卷边	有轻微的卷边但对其拷贝片清晰度没有影响"√",否则"×"
8. 标板、图形符号	(1)漏拍片头、片尾"×" (2)重复拍摄任何一块片头、片尾标板,或者将标板顺序颠倒"×" (3)片头、片尾标板内容错误,或图形符号用错"×" (4)在同一卷片内允许使用同一种形式的标板,不同形式的标板在一片卷内"×" (5)漏拍"原件短缺"图形符号"×","原件模糊""原件破损""编码错误""影像重复"等图形符号,若一部书漏拍一次,或一书多卷时一卷片漏拍一次,"√",否则"×" (6)在一个片卷内拍摄同月份不同年份的报纸时,分割标板上应写上年份"√"

续表

检查项目	质检要求及问题处理
9. 空拍	(1) 报纸卷片漏空拍"×" (2) 善本卷片如无其他质量故障,卷片长 15 米以上漏两处,15 米以下漏一处可以"√"。原书无封面、封底时"×"
10. 影像清晰度	虚影、影像搓动、影像拖尾、两次曝光"×"
11. 画幅尺寸	(1) 拍 35mm 胶片时,同一卷片内画幅尺寸一致"√",改变画幅尺寸"×" (2) 画幅重叠"×" (3) 画幅间距全无或呈无规则变化"×"
12. 画幅异物	画幅内拍入异物"×"。少数画幅拍入异物不影响文字"√"。若涉及整卷画幅"×"
13. 影像位置及拍摄缩率	(1) 被摄影像置于画幅中间位置,影像四周留有适当空白底"√"。原件影像上下边缘至画幅边缘距离应在 0.5mm—2.5mm 之间,上下距离比不能超过 1:2。影像左右边缘至画幅边缘距离应基本一致 (2) 影像边缘如有一边越出画幅"×"(特殊情况除外) (3) 个别影像歪斜≤2 度的"√", >2 度的"×"。整卷影像歪斜严重的"×" 检测方法:在一段废胶片上,以影像区上边缘为底边,用量角器和直尺画出 2 度线,以此角为测量工具,把歪斜影像重叠其上,检查影像边缘与 2 度线的重叠状况
14. 胶片长度	绕片外缘至片盘外缘不小于 3mm
15. 接头	接头限定(35mm 卷片):15 米以上的卷片接头不得超过 4 个;15 米以下的卷片接头不得超过 2 个

90

检查项目	质检要求及问题处理
16. 废拍	废拍规定(35mm 卷片):15 米以上的片卷废拍不得超过 3 个;15 米以下的卷片卷废拍不得超过 2 个 注:当片卷内无接头时,废拍数可按如下规定处理,15 米以上片卷不得超过 6 个,15 米以下的片卷不得超过 3 个
三、解像力检查	数转模的解像力标板由 5 个区域构成,每个区域都包含了从 0.7~16 不等的 16 组线对。根据数转模的成像原理,线对代表了数转模影像的像素点。目前,在质检实际操作中,数转模母片的解像力要求达到 8 线对/毫米"√",低于 8 线对/毫米的"×" 在检查解像力时,需要借助显微镜,对 5 个区域中的线对进行肉眼分辨,保证每个区域内都能清晰识别出的最小线对所对应的数值,即为该片卷的解像力数值。例如,四角区域能识别出的最小线对对应的数值都为 8 线对/毫米,而中间区域能识别出的最小线对对应的数值为 16 线对/毫米,则该片卷的解像力数值按 8 线对/毫米计,而不是 16 线对/毫米
四、著录信息检查	对于标板内容的检查,需借助放大镜将标板内的著录信息与整理清单、摄制清单以及原书进行对比,并参考相应的丹诚数据,核对一致的代表著录正确"√" 有不一致的内容"×",需及时联系前整理人员,找出错误原因,修改标板内容并补拍片头片尾 主要核对的信息包括:①片盘代号;②摄制机构及摄制年份;③文献名称;④编著者;⑤版本;⑥原件书号;⑦册数及分卷信息;⑧接续标板的内容等

表 19　母片质量问题及原因分析

质量问题	原因分析		
	设备原因	操作原因	其他原因
划伤（胶片在显影前产生的划伤为黑划痕，显影后产生的划伤为白划痕）	拍照机： 1. 输片辊、导片辊不转动或转动不灵活 2. 压片板有异物 3. 供片或收片系统工作异常 4. 暗盒的切片刀未回到位 冲洗机： 1. 胶片入片口、暗盒出片口有异物 2. 胶片转动辊不转动或转动不灵活 3. 倒片板移位、有污迹 4. 烘干片道有异物 5. 片轮组件	拍照、冲洗：装片错误 质检：操作错误	1. 用手工缠绕胶片和胶片散落等 2. 缠绕胶片过紧和用力拉紧胶片造成胶片层间摩擦
污迹（药液污染、油污）	冲洗机： 1. 药液污染、废液溅落在胶片上，冲洗过程中停电、停水、胶片局部污染 2. 水洗不干净、不彻底，导致药液残留在胶片上	1. 绕片机加油孔油量过多残油外溅 2. 墨水、生活用品接触胶片	化妆用品、油脂等污染检查台面

质量问题	原因分析		
	设备原因	操作原因	其他原因
指纹印痕		1. 用手指触摸生胶片乳剂面,胶片显影后有黑指纹 2. 用沾有定影液的手指触摸生胶片冲洗后胶片有白指印 3. 手指有汗渍、油脂留在胶片上出现明显的指印	
折痕	拍照机: 供片或收片故障造成淤片,使胶片产生折痕,折痕印为黑色条斑。在折痕处曝光时会使密度偏高或偏低及影像变形 冲洗机: 因输片故障造成淤片使胶片折伤,严重时会导致胶片乳剂层脱落	拍照和冲洗时,胶片安装不规范或不到位造成输片故障缠绕胶片速度太快,一旦失控容易折伤胶片	生胶片受外力压伤形成潜影,冲洗后折痕为黑色条斑

续表

质量问题	原因分析		
	设备原因	操作原因	其他原因
水迹(胶片表面积成的水珠烘干过程中未清除,烘干后留下的水斑,影响影像局部质量)	冲洗机: 1. 水质太硬 2. 水过滤装置有故障 3. 烘干系统的空气过滤装置积有灰尘 4. 挤水辊或刮水板等损坏 5. 烘干温度不稳定		
卷边	冲洗机:大型环形冲洗机其传动输片装置采用齿轮摩擦传送胶片,正常情况下胶片松紧适度,当各轴组摩擦装置失调时,会造成输片不稳定,一段松,一段又拉得很紧。当胶片拉紧的一段通过斜角度"导向轮"时,会出现卷边,斜角度导向轮不转动或轮变形也可能出现卷边		
静电痕(黑斑点条纹或松枝状纹)		在干燥的环境下缠绕生胶片或者已拍完但还未冲洗的胶片时,因绕片速度过快,胶片层间摩擦产生静电闪光,冲洗后形成花纹状或松枝状静电斑纹像	

94

质量问题	原因分析		
	设备原因	操作原因	其他原因
折边	拍照机、冲洗机在运行过程中出现故障,如导片辊、过片轮损坏造成胶片折边	胶片安装不到位,胶片偏移越出导片辊	1. 胶片宽度大于标准值,与机器各片轮宽度不匹配 2. 片盘质量不合格,宽度不够或片盘变形
乳剂层脱落	冲洗机: 1. 定影液中的坚膜成分失效 2. 药液或漂洗水温度太高 3. 烘干故障,胶片不干便缠绕在片盘上造成粘连,损伤乳剂层		胶片质量问题
皱纹(龟裂)	冲洗机: 1. 水洗温度太低 2. 烘干温度太高		
虚像	拍照机: 1. 调焦系统故障 2. 物距改变	胶片安装不到位	
影像重叠(两个或两个以上影像叠落在一起)	拍照机输片故障,为输片或输片量不够		

续表

质量问题	原因分析		
	设备原因	操作原因	其他原因
遮挡影像	拍摄光路中有异物遮挡		
画幅间隔过大或无间隔	拍照机输片系统故障：输片辊摩擦力失调，输片电机工作不稳定。输片量过长容易产生空白胶片和画幅间隔过大。输片量过短易产生画幅间隔过小或无间隔，严重时会造成画幅重叠		
空白画幅或空白胶片	拍照机曝光系统故障，曝光时快门未开启，造成空白画幅	冲洗时，在显影槽内误倒入定影液	
定影不透（胶片未曝光部分的卤化银未溶解掉）		1. 定影液失效 2. 定影液稀释，药力减弱 3. 药槽内，定影液未加到标准线位	
灰雾过大（胶片未曝光部分灰雾密度明显）	1. 拍照机有光线渗入 2. 暗盒露光 3. 冲洗机中间水洗或显影温度太高	从摄影机上装卸胶片时，室内较亮，胶片的片首、片尾空白片部位易出现灰雾	1. 胶片过期时间太长 2. 生胶片在高温、潮湿环境内保存

质量问题	原因分析		
	设备原因	操作原因	其他原因
胶片跑光	拍照机： 1. 暗盒与拍照机暗箱连接处有缝隙，造成条形闪光 2. 快门关闭迟钝或不严，光线透过镜头照到胶片上	在明室装卸胶片时，沿片盘内壁与胶片之间有缝隙，造成胶片边缘闪光，形成"黑边现象"	
曝光不足或曝光过度	拍照机曝光系统故障	1. 曝光时间太短（或太长）照明亮度太弱（或太强），即曝光量过小（或过大） 2. 胶片感光度变化或乳剂号改变但未做试片	
显影不足和显影过度（拍照时画幅影像曝光正常） 显影不足：胶片影像密度普遍低，灰雾密度正常 显影过度：胶片影像密度和灰雾普遍增加，影像呈灰黑色		1. 显影时间太短（或太长） 2. 显影温度太低（或太高） 3. 显影药液浓度过低（或过高） 4. 显影药力不足（或太强）	

97

3.7.5　补拍与接片

3.7.5.1　补拍

如母片出现质量问题需要进行补拍时,质检人员需要给拍照人员开具补拍报告单。报告单上要写明胶片盘号、文献名称、补拍内容、补拍理由(见图34),必要时可连同需补拍的胶片交给拍照人员参考。

补　　单

拍摄馆		退补日期　　年　　月　　日
需补拍内容:　　　补拍原因 1. 2. 3. 4.		 检查人

全国图书馆文献缩微复制中心

图34　补拍报告单样式

补拍需注意的事项:

①补拍胶片的拍摄形式、规格应与原母片一致,具体要求是画幅尺寸、画幅间隔、缩率要与原母片完全相同,密度要求与原母片尽量接近。

②片首区或片尾区内的任一标板不合格时,应补拍完整的片首或片尾区标板。

③若数转模拍摄的是古籍文献,则要求画幅之间不允许有接头。若有不合格的画幅需要拍摄时,如某一册书中若存在某一画幅不合格,补拍时不能只补拍这一个画幅,而是需要把这一册书全部补拍,并将补拍好的胶片接在原处。接头应接在前后两册之间的空白画幅位置。

3.7.5.2　接片

接片是补拍的后道工序,是对已补拍好的胶片实施连接。接片的要求是:①接片要准确;②保证接缝质量;③不损伤胶片。

接片是一项很细致的工作,接片前首先要对照补拍报告单,核对补拍胶片的内容,并逐拍检验补拍画幅影像的质量,检验合格后,再与被接原胶片对照核实。在确认无误后,从被接原胶片上剪下不合格的画幅,把新补拍的胶片接上,最后再次检验接缝前后画幅影像顺序和接片质量。

接片需要注意的事项:

①接头位置:接缝位置可选在画幅的间隔处或空白片处。接缝过宽、过窄或接入画面内都是不正确的。在补拍画幅的前面或后面,未拍摄相临画幅的原件,也是不符合要求的。有效影像的接缝部位要至少留有25mm的间隔,否则,便不能保证补拍画幅及接缝临近画幅影像的质量。另外,在解像力测试标板画幅的前后间隔处不得接片。

②接片方法:接片时需要使用超声波接片机,为避免划伤胶片,接片时胶片药膜面朝上,分别放入接片机片槽内用盖板压紧,胶片端头要切齐,与正文的距离要控制准确,再利用超声波热能和一定压力对胶片进行熔接,接片结束后要检查是否连接牢固以及接入内容是否正确,以保证接缝整齐、干净、美观。

3.7.6 合格胶片的处理

对于质检合格的胶片,应按照片头朝外,且乳剂层向内的方式来缠绕收卷,绕片外缘至片盘外缘不小于3毫米。在护片条上标明片卷内文献的片盘代号,并用护片条缠绕在片卷外缘,将片卷装盒。

此外,质检人员需要按照固定的格式制作数转模母片盒的标签,标签分为盒顶标签和侧面标签(见图35),盒顶标签标注的是母片的片盘代号和分卷号,侧面标签标注的是母片的文献名称。标签制作完成后将其贴到胶片盒的相应位置,一卷合格的数转模母片至此制作完毕。

```
01D003670 6:1


                          2017 年 5 月
```

```
01D003670 6:1        太平寰宇记二百卷目录二卷
                     附大清一统志表、朝代纪元表
```

图 35　盒顶标签、侧面标签样式图

3.8　入库

3.8.1　入库前准备

经过质检的数转模胶片母片进入全国图书馆文献缩微复制中心母片库保存。母片入库前,库房接收人员要将摄制清单、整理清单、胶片盒标签、护片条与胶片本身再次核对,确保胶片内容准确无误,没有错装漏装胶片的情况发生。

全国图书馆文献缩微复制中心及其成员馆拍摄的数转模母片,均需制作拷底片,拷底片入全国图书馆文献缩微复制中心拷底片库保存。此外,全国图书馆文献缩微复制中心还将制作另一套拷底片供拍摄该数转模胶片的成员馆保存。拷底片入库前,库房接收人员需将摄制细目、胶片盒标签、护片条与胶片本身再次核对,确保胶片内容准确无误,没有错装漏装胶片的情况发生。

3.8.2　入库保存

全国图书馆文献缩微复制中心对其入藏的数转模胶片母片和拷底片按照中心编号顺序上架保存,成员馆对其入藏的拷底片的架位顺序由该成员馆决定。

关于库房保存环境、流通流程、胶片的定期检查等事宜,请参照《全国图书馆文献缩微复制中心缩微胶片保存保护办法》《国家图书馆中文缩微文献库房管理细则》及各成员馆相关规定执行。

数转模摄制清单及整理清单由全国图书馆文献缩微复制中心保存。

附录1 数转模拍摄技术原理依据

数转模技术拍摄的转换方式分为打印型和拍照型两种,分别对应不同的设备。打印型设备的技术原理与数字打印机的技术原理相似,是利用激光打印技术将数字影像上的像素信息打印到缩微胶片的相应位置上,其缺点在于转换速度过慢并且只能打印黑白影像信息。拍摄型设备技术原理是采用曝光拍摄的方式记录数字影像信息,工作方式是将数字影像呈现在一块精度极高的数字屏幕上,利用光学技术对屏幕上的影像进行拍摄。相对于打印型数字设备而言,其转换速度较快且可以转换灰度和彩色影像是其优势。

由于馆藏文献数字资源多为灰度及彩色影像,因此在设备选型时,考虑到数转模设备的色彩表现能力,通常选用拍摄型数转模设备开展数字资源转缩微胶片项目。

在技术指标方面,缩微胶片有两项重要技术指标,分别是解像力和密度。在数转模拍摄工作中,这两项技术参数与数字影像的精度和亮度有着密不可分的关系,拍摄中相关参数的设置和调整是以这两项指标为基础,从而形成标准操作流程,参数指标具体如下:

1 影像精度表现

解像力是缩微技术的重要参数之一,是指一光学摄影系统或元件对两个紧邻实体(通常是线条)分辨能力的测量值。以每毫米线对数(lp/mm)或每英寸线对数(lp/in)来表示。

数转模拍摄系统与传统拍摄系统的解像力都取决于原件解像力、胶片解像力和拍摄解像力,公式为:

$$\frac{1}{(R_{系统})^2} = \frac{1}{(R_{原件})^2} + \frac{1}{(R_{摄影机})^2} + \frac{1}{(R_{胶片/放大倍数})^2}$$

其中,两个系统的胶片解像力和拍摄解像力基本相同,区别在于原件解像力,传统拍摄系统的原件解像力取决于原件纸本质量,而数转模系统的原件解像力则取决于数字影像的精度。

影像的精度即影像分辨率,其单位是 PPI,指的是影像包含信息的多少,采用每英寸长度上的像素数来表示。在数转模拍摄过程中,影像分辨率的高低决定了显示在拍摄屏幕上的信息的多少,信息越多则会有越多的影像细节被拍摄到胶片上,系统的解像能力也就会越高。分辨率与解像力的含义不同,单位也不同。

在 ANSI/AIIMTR 26 – 2000 技术报告中给出了另一种扫描分辨率标准的推测方法,是通过下述公式得来的:

$$P = QI/h$$

其中 P 是二号测试图分辨率的图样,QI 是质量因数,h 是文字高度。

将文字高度及 QI = 8(根据二号测试图标板设计思路,QI = 8 时能够获得极好的质量)带入上述公式,在换算解像力时分辨率提高50%,即可得出扫描分辨率的标准。经测试,一般文档的扫描分辨率标准应为 300dpi。这一点在 ISO/PDTR 1234 中得到印证,该技术报告认为 200dpi 即可获得不错的质量,数转模的最佳扫描分辨率为 300dpi。

2 影像亮度表现

数字影像的亮度强弱是由色阶来表示的。色阶是色彩指数,以灰度分辨率(又称为灰度级分辨率或者幅度分辨率)表示,是数字影像的固有属性,不随显示设备的显示亮度的变化而变化。色阶与图像亮度相关,与颜色无关。对于 8 位灰度的图像,其位数为 8,以 2 的 8 次方个(256 级)阶度表示不同亮度的灰色,其最亮为白色,最暗为黑色,阶度级数越大图像亮度越高。在数转模工作中,数字图像的亮度是影响缩微影像质量的关键因素之一,其原因与缩微胶片的成像原理密切相关。

数转模的成像原理是当屏幕上显示的数字影像的光线射到胶片的乳剂层时,乳剂层内的卤化银晶体发生化学反应,并与邻近也受到光线照射的卤化银晶体相互聚结起来,沉积在胶片上,留下影像。乳剂层接收到的光量愈多,就有更多的晶体发生结构变化和相互聚结,冲洗后胶片的密度就越高,光量愈少,晶体的变化和聚结也愈少,密度就越低。因此,在拍摄参数固定的情况下,数字影像亮度越高,投射到胶片上的光照越强,曝光就越多,反映在最终胶片上就是影像越深,密度越高,反之亦然。

可见,数字影像的亮度直接关系到缩微胶片的质量,在转换过程中,应对影像亮度给予足够的关注,要建立影像亮度与拍摄设备参数之间的对应关系,结合亮度值调整拍摄参数,来确保缩微胶片密度达到质量要求。对于待拍摄到同一卷中的数字影像应通过图像处理或调整单页拍摄参数的方式单独处理,以确保缩微胶片同卷密度差不超出标准要求;在拍摄前期,是根据测量得来的图像的色阶值,以及得到的不同色阶值和拍摄中决定影像密度的相关参数的匹配值,作为最终拍摄参数设定的依据。

附录2 对拍摄软件中主要常用功能键的解析

设置选项,其作用是在曝光设置中插入一个设定值,确定后续拍摄所采用的各项参数。

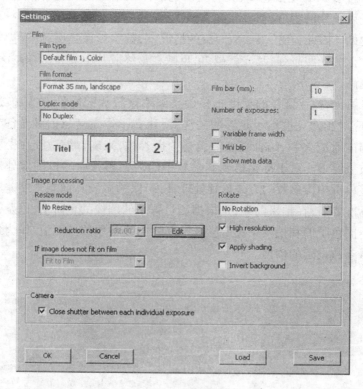

图1　选项设置图

其中主要设定包括:

用于选择合适的胶片类型(彩色、黑白或灰度,以及对应的曝光次数和照度)的选项。

用于选择胶片格式和结构(包括 35mm 横向拍摄/纵向拍摄，16mm 横向/纵向拍摄)。

用于选择多层模式的选项，即一个画幅内有几个文件。一般包括每一页框只包含一个文件，每页框包含两个文件，每一页框有四个文件。文件顺序取决于批量模式顺序并显示在预览图标里。

图像是否旋转及如何旋转的选项(文件不旋转/所有文件都会在胶片曝光前逆时针方向旋转/所有文件都会在胶片曝光前顺时针方向旋转/当图像在一定的缩率曝光时，因为旋转而能使分辨率更高时，图像会自动旋转)。

设定拍摄画幅之间距离的选项。

曝光数的选项，即每一个画幅在一次设置中被曝光的次数。

画幅自适应宽度的选项，该选项表示否则无论画幅宽窄，画幅都会以固定的宽度呈现。

光点标记选项，该选项表示在每个图像下都会有一个小的曝光点。

元数据信息现象，选中该选项表示，图像下会显示元数据信息，包括文件夹名、要素、原始高度、原始宽度等。

调整大小模式选项，该选项设置图像的原始尺寸和曝光尺寸的比例。选项中共有如下选择:不调整尺寸，原始的像素将变成尽可能小的点在胶片上曝光，如果必要的话，原件将被剪切;与胶卷相匹配选项，即按照原件的尺寸调成可以被曝光的胶片的最大尺寸;固定比率缩放选项，即原件按照固定的比率被曝光，其中缩率的值可自由设置。如果选择的缩率会导致图像不能正常曝光在胶片上，将会有三种选择，第一，继续并且不再显示警告，原件将被剪切;第二，与胶片相符合，按照原件的尺寸调成可以被曝光的胶片的最大尺寸;第三,用最匹配的缩率进行缩放。

两次独立的曝光之间需要关闭快门的选项，可选择是在每次曝光后还是在结束整个任务后镜头快门关闭。在每次曝光之间，打开和关闭快门可以增加每次曝光处理的速度，因为在曝光之间设备操作室中不是完全黑暗的，胶片在曝光盒中会被轻微的曝光，如果中间曝光间歇时间少于 30 秒，其结果不明显。由于现行使用的系统都是 32bits，处理大的文件和 PDF 文件一般会超过 30 秒，因此在曝光过程中建议关闭快门。

参考文献

[1] 中华人民共和国国家质量监督检验检疫总局,中国国家标准化管理委员会. GB/T 19474.1—2004 缩微摄影技术 图形 COM 记录仪的质量控制 第 1 部分:测试画面的特征[S].北京:中国标准出版社,2004.

[2] 中华人民共和国国家质量监督检验检疫总局,中国国家标准化管理委员会. GB/T 20494.1—2006 缩微摄影技术 使用单一内显示系统生成影像的 COM 记录器的质量控制 第 1 部分:软件测试标板的特性[S].北京:中国标准出版社,2006.

[3] 全国文献影像技术标准化技术委员会,中国标准出版社.文献影像技术国家标准汇编.方法卷[M].北京:中国标准出版社,2007.

[4] 全国文献影像技术标准化技术委员会,中国标准出版社.文献影像技术国家标准汇编.基础、质量、设备卷[M].北京:中国标准出版社,2007.